주술과 세뇌

점쟁이와 무당에게 휘둘리는 사람들

주술과 세뇌
점쟁이와 무당에게 휘둘리는 사람들

펴낸날 | 초판2쇄 2018년 1월 15일
지은이 | 박한진, 손인균
편집·디자인 | 박기주
펴낸이 | 박기주
펴낸곳 | 다크아트
주소 | 인천 중구 하늘별빛로 86
Tel | 010-4178-9007
Fax | 0303-3446-9075
Homepage | http://www.darkart.co.kr
Email | darkartpublication@gmail.com

이 책은 저작권법에 따라 보호받는 독창적인 저작물이므로 무단전재와 무단복제를 일체 금하며, 이 책의 내용 전부 또는 일부를 이용하려면 반드시 저작권자와 다크아트의 서면 동의를 받아야 합니다.

● 잘못 만들어진 책은 서점에서 교환해 드립니다.
ISBN 979-11-959551-4-5 (03180)
값 20,000원

이 도서의 국립중앙도서관 출판예정도서목록(CIP)은 서지정보유통지원시스템 홈페이지(http://seoji.nl.go.kr)와 국가자료공동목록시스템(http://www.nl.go.kr/kolisnet)에서 이용하실 수 있습니다. (CIP제어번호: CIP2017001856)

주술과 세뇌

점쟁이와 무당에게 휘둘리는 사람들

| 차 례 |
CONTENTS

1. 왜 사람들은 주술과 점술을 찾는가? 8
   : 주술적 사고의 유래

2. 주술적 사고는 언제 일어나는가? 15
   : 주술적 사고가 일어나는 과정

3. 하루 만에 사람이 바뀌는 이유는? 21
   : 주술적 사고를 가속시키는 점술

   | 첫 번째 형태 : 늘어놓기 23
   | 두 번째 형태 : 양면성 서술 24
   | 세 번째 형태 : 질문하기 25
   | 네 번째 형태 : 칭찬하기 27

4. 세뇌가 잘 되는 사람과 아닌 사람은? 31
   : 자아 건강성과 회복 탄력성

   | 자아를 버려야 한다? 31
   | 건강한 정신이란? 32
   | 자아의 기능 34
   | 자아 건강성을 위협하는 세 가지 갈등 35

5. 자아는 어떻게 분열되어 가는가? ·························· 41
　　: 자아 분열의 과정

6. 유유상종의 주술적 사고 ································ 54
　　: 유감주술

　　▎왜 아이폰을 사는가? 55
　　▎상징의 비밀 57
　　▎사진을 쉽게 찢지 못하는 이유 59
　　▎시카고 컵스의 저주는 염소에 의해서만 풀릴 수 있다 62
　　▎저주를 떠올리는 것 만으로 저주가 작동한다 63
　　▎금기의 이유 66

7. 어째서 부처님 코를 만지는가? ························ 69
　　: 접촉주술

　　▎돌부처에 코가 없는 이유는? 69
　　▎평범한 물건이 어떻게 주술적 물건이 되는가? 71
　　▎오래된 인형을 버리지 못하는 이유 74
　　▎정신적 전염 75
　　▎접촉에 의한 영향은 양방향 77
　　▎왜 달에서 가져온 돌은 비싼가? 79

8. 세뇌의 법칙 ··· 82
　　: 세뇌로 사용되는 주술적 사고

┃ 컬트 종교로 향하는 사람들 82
┃ 마음의 빈틈 84
┃ 주술적 사고와 마음의 구멍 86
┃ 어떻게 조종당하는가 89

9. 마음을 조작하는 비밀 ········· 92
: 누가, 어떻게 사람을 조종하는가?

┃ 어떻게 저 사람이 컬트 교주가 될 수 있지? 92
┃ 갑(甲)을 휘두르는 을(乙)의 전략 93
┃ 전이와 역전이 전략 95
┃ 의존성 인격장애를 만드는 법 99

10. 주술은 부정적 효과만 있는가? ········· 101
: 주술적 사고의 긍정적 활용

┃ 주술적 사고의 활용 101
┃ 주술적 사고로 힘을 얻는 방법 102
┃ 불확실함에서 벗어나는 방법 105
┃ 자아를 쉬게 하는 적극적 퇴행 107
┃ 적극적 퇴행 109

11. 어떻게 하면 막을 수 있을까? ········· 111
: 세뇌에 대항하는 방법

┃ 마음을 지키는 최종 마지노선 111

| 지금 무엇을 느끼는가? 112
| 마음 챙김을 통한 자기훈련 114
| 시선을 밖으로 돌려라 120
| 마음은 힐링이 아닌 훈련의 대상 124

12. 세뇌를 푸는 방법들 ·· 126
   : 디프로그래밍, 엑시트 카운슬링, 엑시트 코칭

| 디프로그래밍 126
| 엑시트 카운슬링 128
| 엑시트 코칭 129
| 엑시트 코치는 존재하지 않는다 132

마치며 ·· 133

부록 : 도움이 되는 글들
−주술적 사고 : 어떻게 하면 은밀히 퍼져가는 생각의 오류를 피할 것인가? 134
−점술에 「중독」되다 : 영능력자에게 그녀가 「중독된」 이상한 사례 141
−당신이 공의존적 관계에 빠져있음을 알아내는 8가지 표식 147
−심리적/감정적 조작자를 알아차리는 14가지 표식 152

추천 및 참고도서 ·· 159

1. 왜 사람들은 주술과 점술을 찾는가?
주술적 사고의 유래

이따금 주위에 말도 안 되는 소리를 믿고 행하는 사람들이 있다. 약하게는 매번 프리젠테이션에 나갈 때마다 노란색 넥타이를 매고 나간다거나, 심하게는 굿 한 번에 몇천만원을 쓰는 정도까지… 상식적으로 생각해본다면 분명 말도 되지 않는 이야기이지만 이러한 징크스 혹은 주술적인 행위들은 우리 주변에 상당히 많이 존재하고 있다. 그리고 심한 경우에는 거기에 완전히 빠져버려서 일상생활조차 방치하고 주술적 행위에 몰두하는 경우도 볼 수 있다.

무엇이 이렇게 사람들을 변화시키는 것일까?

이러한 현상은 우리가 「주술적 사고」에 빠져있을 때 일어난다. 주술적 사고란 사람들이 합리적인 판단이 아닌, 초자연적, 주술적 현상과 개념에 대한 믿음을 전제로 전개되는 사고를 말한다. 예를 들면, 어떤 복싱 선수가 최초로 챔피언이 되었을 때 끼고 있던 글러브는 그가 인생을 살면서 힘든 일이 있을 때마다 그 글러브를 끼면서 당시의 자신으로 돌아간 느낌이 든다. 이렇게 합리적인 사유로는 이해할 수 없지만 나도 모르게 행하고 있는 것이 바로 주술적 사고이다.

이러한 주술적 사고에 대해 많은 사람들은 교육을 잘 받지 못했거나, 지적 능력이 떨어지는 사람이 쉽게 빠져들 것으로 생각한다. 하지만 일본의 오움 진리교 사건에서 수많은 신자들이 도쿄대 출신의 공무원이나 의사 등 고학력자였음을 보면 알 수 있듯 주술적 사고에 빠져드는 것은 남녀노소는 물론이고 지적 능력의 높고 낮음에도 영향을 받지 않는다. 즉, 우리는 누구나 그럴 상황이 갖추어진다면 주술적 사고에 빠져들게 되어 있다.

이렇게 본다면 주술적 사고는 우리에게 필요 없는 기능으로 보인다. 하지만, 이 주술적 사고는 우리의 진화 과정에서 생존을 위한 필수적인 기능 중 한 가지로 자리해 왔다. 왜냐하면 주술적 사고는 우리에게 위험을 무릅쓸 힘을 주기 때문이다.

아주 먼 옛날, 인류가 아직 원시인이었을 때를 생각해 보자. 한겨울에 눈보라가 심하게 칠 때에는 부족 전체가 사냥을 가지 못하고 굶을 수밖에 없었다. 다행히도 눈보라가 금방 그친다면 다시 사냥을 나갈 수 있지만, 눈보라가 오래 지속된다면 눈보라가 그치는 것을 기다리지 못하고 눈보라의 위험을 극복하면서 사냥을 나가서 식량을 구해야 했다. 하지만 그렇다 해도 눈보라를 헤치고 나아가는 것은 매우 큰 용기를 필요로 한다. 하지만 이때 부족의 샤먼이 왼쪽으로 세 바퀴 돌고 하늘을 향해 휘파람을 불면 눈보라의 신의 눈을 가린다는 신탁을 받았다면, 그 행위를 하는 것으로 주술적 사고가 작동되면서 눈 밖으로 나갈 수 있는 용기를 주게 된다.

이렇듯 주술적 사고는 진화의 과정에서 그 소양을 가진 사람들이 생존에 더욱 적합했기 때문에 세대를 거듭해 내려온 형질이며, 그렇기 때문에 남녀노소나 지적 능력과는 아무런 관계가 없이 모두에게 작동하는 기전이기도 하다.

심지어 이런 주술적 사고는 대표적인 전투적 무신론자인 리처드 도킨스(Richard Dawkins) 역시도 가지고 있다. 그는 한 다큐멘터리에서 자신의 가장 소중한 책이라며 찰스 다윈의 「종의 기원」을 초판본을 꺼내 들며 이 책으로 인해 사람들이 더 이상 초자연적인 것을 믿을 필요가 없어졌다고 이야기하였다. 하지만 「종의 기원」은 그 초판본 자체가 특별한 힘을 지니고 있는 것도 아니고, 초판본과 현재 서점에서 판매되는 「종의 기원」에 내용상의 차이가 있는 것은 아니다. 하지만 도킨스는 그 책에서 초자연적인 것을 믿지 않게 하는 특별한 힘을 느꼈기에 초판본을 특별한 것이라고 여겼으며, 아이러니하게도 초자연적인 것을 믿지 않게 하는 초자연적 힘의 원천이라고 느끼게 만든 것이다. 이렇게 우리는 언제나 주술적 사고를 일으키는 자극들에 노출되어 있다.

민속학자인 제임스 프레이저(James G. Frazer)는 그의 저서인 「황

금가지」에서 주술을 유감주술(類感呪術)과 접촉주술(接觸呪術)의 두 가지로 분류하였다. 주술적 사고에 비추어 생각해 본다면 주술적 사고는 이 두 가지 방식을 통해 이루어진다고 볼 수 있기 때문에 유감주술과 접촉주술에 대해 이해하는 것은 매우 중요하다.

유감주술은 「유유상종(類類相從)」이라는 사자성어를 생각하면 쉽게 이해할 수 있다. 유감주술은 유사성의 원칙(Law of Similarity)에 기초한 주술 행위를 말한다. 즉, 어떠한 대상과 유사한 형상이나 속성을 지닌 것은 그 대상의 속성을 지니고 있다는 사고방식이다. 중국에서 만들어진 만두(饅頭)가 본래는 사람의 머리모양을 빌려서 인신공양 대신 제물로 사용되었다는 이야기나 고대 그리스인들이 독수리의 간을 먹으면 독수리와 같이 시력이 좋아진다는 등의 주술적 행위가 모두 유감주술에 해당하는 주술 행위이다.

접촉주술은 특정 속성을 가진 대상과 접촉하면 그 속성이 접촉자에게 전염된다는 사상을 기반으로 한 주술 행위이다. 또한, 대상에게 접촉한 사물 역시도 그 대상의 속성을 지닌다는 주술적 사상을 의미하기도 한다. 예를 들어, 자살자가 나온 집이라고 하면 이미 자살자와 그에 관련된 물건 등은 모두 깨끗하게 치웠음에도 불구하고 알 수 없는 꺼림칙함에 그 집에 들어가는 것은 꺼려진다. 반대로 어떤 연예인이 입었던 옷이나 머리카락 등 신체의 일부분은 그 연예인의 소위 「기운」이 들어있다고 여겨지며 단순한 옷 혹은 머리카락이 아니게 된다. 이와 같이 접촉에 의해 주술적 사고를 유도하는 원리가 접촉주술이다.

앞에서 말한 휘파람을 불어 눈보라를 뚫고 나가는 것은 유감주술에 속한다. 방향이나 횟수, 휘파람을 분다는 행위 자체가 눈보라의 신이 가지고 있는 속성의 일부와 유사하다고 여겨지는 것이다. 또한, 리처드 도킨스가 다윈의 책을 만지며 다윈의 통찰을 느끼는 것은 책을 통한 접촉주술에 해당한다.

정리하자면 유감주술은 주술을 행하는 자가 적극적으로 대상을 흉내 내거나 자신을 대상과 유사한 모습으로 만드는 것이며, 접촉주술은 주술을 행하는 것이 아니라 이미 주술에 속박되어서 그 주술의 결과를 체험하며 자신에게 내재화하는 것에 해당한다.

그렇기에 유감주술은 주술을 행하는 이가 적극적으로 현상을 변화시키려는 주술 행위이며, 접촉주술은 주술의 대상이 된 자가 체험을 하는 것이라는 차이가 있다. 이를 통해 그 영향력과 체험의 강도가 유감주술보다 접촉주술이 더욱 강력하다고 볼 수 있다.

유감주술은 주로 현상의 극복을 위해 사용하는 경우가 많으며 접촉주술은 현상의 영향력을 보여주는 경우가 많다. 특히 많은 경우 접촉주술은 혐오 대상과의 접촉을 회피하기 위한 방법으로 드러나는 경우가 많다.

유감주술은 롤모델을 설정하고 그 롤모델과 같이 행동하거나 하는 것을 생각해 보면 쉽게 떠올릴 수 있다. 우리나라에 「킹스맨 : 시크릿 에이전트」 영화가 개봉했을 당시, 많은 남성들은 더블 브레스티드 슈트를 입곤 했다. 이는 영화에서 보았던 그 속성을 자신에게도 부여하기 위해서 영화 주연의 소품이었던 더블 브레스티드 슈트를 입는 유감주술적 행위를 하는 것이다.

접촉주술은 이미 어떠한 속성을 지니고 있는 것과 접촉하는 것을 피하기 위한 경우가 많다. 예를 들어 어느 미끄럼틀에서 일주일에 다섯 명의 아이가 아무런 이유도 없이 떨어져 다쳤다면 합리적으로는 우연이라고 생각할 수 있지만 그 어떤 부모도 자신의 아이가 그 미끄럼틀에서 놀도록 두지 않을 것이다. 이는 미끄럼틀과 미끄럼틀에 있을지도 모르는 미신적 액운이 아이와 접촉하는 것으로 아이에게 감염될 수 있을지도 모른다는 막연한 느낌에 의한 것이다. 이와 같이 접촉주술은 무언가 이미 주술적인 현상이 일어난 것에서 그에 접촉하여 동질화하거나 그에게서 벗어나거나 하는 주술적 사고방식을 일으킨다.

특히 이 접촉주술에서 대상과 분리되고자 하는 특성은 진화적으로 가지고 태어난 감정인 혐오와도 밀접한 관련이 있다. 혐오란 배설물, 체액, 시체와 같은 생존에 위협이 되는 대상을 향한 감정이다. 프로이트는 혐오에 대해 「불행의 원인을 없애려는 자아의 상태」라고 칭하기도 하였다. 이 혐오에 있어서도 접촉주술과 같은 사고방식이 작동한다. 그러므로 이 혐오와 접촉주술적 사고가 함께 할 때 왕따와 같은 여러 집단 병리적 현상이 일어날 수 있다. 부잣집에 사는 아이들과 가난한 집 아이들을 다른 반으로 편성하기를 원하는 부모의 "재랑 놀면 물들어."라고 하는 사고방식 등이 모두 혐오와 접촉주술의 영향에 의한 것이다.

그렇다면 과연 주술적 사고가 모두 부정적인 영향만 있을까? 절대 그렇지 않다. 유감주술이 가지고 있는 긍정적 힘에 대해서는 이미 소개했으니 접촉주술의 긍정적 힘에 대해 한 번 짚고 넘어가자. 앞에서 말한 리처드 도킨스는 다윈의 「종의 기원」을 만지는 접촉주술로 영감을 얻는다고 한다. 실제로 골프 황제 타이거 우즈를 흠모하는 골퍼들에게 일반적인 골프공을 실제 타이거 우즈가 사용했던 골프공이라고 소개하고 타이거 우즈가 이 공으로 홀인원을 했던 행운의 공이라고 소개하면 골퍼들의 기량이 20%가량 향상되었다는 연구결과도 있다.

그러므로 주술적인 사고는 항상 부정적인 것이니 피해야 한다는 것은 또 다른 주술적 사고에 의한 편협적인 생각이다. 주술적 사고는 이렇게 자신의 기량을 늘리는 것은 물론이고 한 걸음 나아갈 용기가 필요할 때 걸음을 내디딜 수 있도록 하는 등 긍정적인 효과도 있으므로 어떻게 주술적인 사고를 사용하는가가 중요한 요소가 될 것이다.

2. 주술적 사고는 언제 일어나는가?
주술적 사고가 일어나는 과정

지금까지 주술적 사고의 기본적인 개념에 대해 살펴보았다. 이렇게 진화의 과정에서 누구나 가지고 있게 된 주술적 사고의 유전자이지만, 어떤 이는 쉽게 주술적 사고에 빠지는가 하면 어떤 이는 주술적인 사고와는 무관하게 살아가는 사람도 있다. 또 평생 주술적 사고와는 연이 없던 사람도 별것 아닌 일로 주술적 사고에 빠져들기도 한다. 이번 장에서는 이러한 주술적 사고가 어떠한 방식으로 일어나는지에 대하여 알아보고자 한다.

주술이란 근본적으로 미래에 대한 불안을 해소하기 위한 행위라고 볼 수 있다. 그러므로 이 불안에 대하여 접근하는 것이 주술적 사고에 대한 고찰의 시작점이라고 볼 수 있을 것이다.

프로이트는 불안이란 두 가지 방향으로 설명했다. 한 가지는 실제적으로 일어날 수 있는 위협에 의한 불안이다. 예를 들면, 눈앞에 호랑이가 있을 경우 호랑이의 위협과 호랑이에 의해 발생할 수 있는 피해를 예상한 결과 불안이 발생하는 것이다.

또 다른 한 가지 불안은 실제 일어나는 가능성에 의한 불안이 아니라 미래에 자신이 무력해질 가능성에 대한 불안이다. 우리는 당장 내일 어떤 일이 일어날지 알지 못한다. 당장 내일도 알 수 없는데 1주일 뒤, 1달 뒤, 1년 뒤의 미래는 내가 지금 무언가를 하거나 하지 않는 것이 별 다른 영향을 주지 못한다. 즉, 점차 현재에서 멀어질수록 개개인이 미래의 사건에 대하여 컨트롤 할 수 있는 요소가 적어지게 되는 것이다.

이렇게 미래에 영향을 줄 수 있는 요소가 적어지게 되면서 미래를 통제하고 예측하거나 미래에 일어날 사건에서 자신을 안전하게 두는 것이 불가능해지면서 점차 무력감이 들게 된다. 이렇게 미래에 대한 무력감에서 두 번째 불안이 발생하게 된다.

이 두 번째 불안감이 바로 주술적 사고의 시발점이 된다. 미래에 대한 무력감에 의해 발생한 불안함을 다룰 수 없게 되면서 그 무력감을 해소하기 위하여 주술적 사고에 빠져들게 되고 주술적인 행위에 집착하게 되는 것이다.

이 두 번째 불안감이 주술적 사고를 촉발하는 것에 대해 더 알아보자. 미래에 대한 무력감에 의해 불안함이 일어나면 현실에서 의식이 유리(遊離)되는 디소시에이션(Dissociation)이 일어난다. 디소시에이션이 일어나게 되면 현실에서 일어나는 여러 체험이나 현상에 대한 선명도가 떨어지게 된다. 이렇게 되면 현실에서 체험하는 것들이 마치 뿌연 필터가 낀 것처럼 흐릿하게 체험되며 현실에서 느끼는 맛, 즐거움 등이 더 이상 전과 같지 않고 무뎌지게 된다.

이렇게 현실이 무뎌지게 되면 점차 현실에서의 체험이 즐겁거나 전처럼 행복하지 않게 된다. 그래서 전과는 달리 현실이 재미가 없고 공허한 느낌이 들게 된다. 이렇게 된 상태를 실존적 공허에 빠진 상태라고 하며, 친구들과 있어도 외로움을 느낀다거나 맛있는 것을 먹어도 맛있다고 느끼지 못한다거나 하는 식으로 현실감이 극도로 떨어지게 되는 상태가 된다.

현실감은 한 개인의 자아를 유지하는 중요한 축 중 한 가지이다. 그러므로 현실감이 떨어지게 되면 자연스럽게 자아를 유지하는 힘이 약해지게 되고 의식과 무의식을 분리시키는 경계인 자아가 무너지게 된다. 이렇게 의식과 무의식의 경계가 무너지게 된 상태를 자아분열이라고 한다.

자아가 분열되면 더 이상 자아가 의식을 보호하지 못한다. 자아란 무의식과 의식을 나누는 경계선이고, 이 경계선을 통해서 개체와 집단의 구분을 할 수 있다. 개체와 집단을 나눈다는 것은 개체가 집단의 영향을 받지 않는다는 것을 말한다. 만약 A라는 대학교를 졸업했다고 했을 때 정상적인 사고를 하는 사람은 자기 자신이 A 대학교 그 자체라는 생각을 하지 못한다. 하지만 자아가 붕괴된다면 이러한 구분을 하지 못하게 된다. 그래서 A 대학교와 관련된 공격적인 소문이 돌거나 하면 이것을 자신과 분리시키지 못하고 마치 자기 자신이 공격받는 것과 같이 느끼고 A 대학교의 화신과 같이 행동하게 된다. 이것이 바로 자아의 붕괴를 통한 개체성의 상실이다.

이렇게 자아가 붕괴되면 무의식의 영역과 의식의 영역이 섞여서 의식 세계에 무의식의 세계가 흘러들어온다. 무의식의 영역은 칼 융(C. G. Jung)이 말한 원형의 영역이다. 이 원형이란 흔히 말하는 아버지 원형, 어머니 원형과 같은 것만을 이야기하는 것이 아니라 집단적으로 존재하는 모든 것을 말한다. 그러므로 직장, 학교, 취미 집단 등도 모두 원형으로 존재하며 이것들이 모두 무의식의 세계에서 영향을 미친다. 이렇게 무의식의 영향을 받게 되는 사람은 정상적인 의식 상태가 아니라 정신병적 의식상태가 되며, 무의식적 세계에 존재하는 수많은 원형들의 지배를 받는 상태가 된다.

이렇게 원형들의 지배를 받으면 앞에서 설명한 것과 같이 더 이상 개체성이 아닌 전체성으로 사고를 진행하게 된다. 그러므로 자타의 구분을 하지 못하기 때문에 주술적 사고로의 전환이 일어나면서 유감주술적 혹은 접촉주술적 사고를 가지게 된다. 즉, 주술적 사고의 근간에는 자아의 분열에 의한 무의식의 원형 지배가 일어나고 있는 것이며 이 원형적 사고를 통해서 주술적 사고로의 길이 열린다고 볼 수 있다.

지금까지 설명한 주술적 사고로 이르는 과정을 정리하면 다음과 같은 순서로 볼 수 있다.

> 미래의 컨트롤 가능성 제약 → 무력감의 예측 → 무력감에 의한 불안감 → 디소시에이션 → 실존적 공허 → 자아의 분열 → 무의식적 원형의 지배 → 주술적 사고

이렇게 이야기하면 마치 주술적 사고에 들어간 사람은 정신적으로 약하거나 취약한 사람이라는 느낌을 받을 수 있다. 하지만 앞에서 눈보라를 피하기 위한 예시에서 설명한 것처럼 이는 생존에 도움이 되기 때문에 진화적으로 가지고 있는 내재적인 소양이다. 그러므로 이 주술적 사고로 나아가는 과정은 모든 사람들이 가지고 있는 위험성이다.

사회적으로 성공하고 지식수준도 높은 사람들이 어이없는 미신에 빠지고 주술적인 행위에 현혹이 되어서 사회적인 물의를 일으키는 것도 이와 같은 이유에서 그렇다. 많은 사람들이 생각하기에 지적 수준이 높거나 사회적인 성공을 한 사람은 주술적, 미신적인 사고에 빠지지 않을 것이라 생각하지만, 이것은 인간이라면 누구나 가지고 있는 소양이기 때문에 주술적 사고에 빠지지 않는 사람이란 존재하지 않는다.

그러므로 주술적 사고에 빠진다는 것은 그 사람의 개별적인 요소에 의한 것이 아니라 그가 처한 외부 환경, 상황과 그 사람이 그러한 상황을 어떻게 다루는지와 같은 삶의 태도에 따라 달라질 뿐이다. 이러한 외적 요소에 따라 주술적인 사고에 얼마나 취약한지가 정해질 뿐 지성적, 합리적 사고를 통해 주술적 사고를 막을 수 있는 성질의 것이 아니다. 이는 심지어 전투적 무신론자인 리처드 도킨스 역시 주술적 사

고에서 자유롭지 않다는 것을 보면 우리에게 주술적 사고는 떼어낼 수 없다는 것을 우선적으로 인정하고 넘어가야 한다.

그래서 사회가 불안정하거나 사회 현상적으로 사회의 규율, 법 등이 지켜지지 않는 것을 체험하게 되면 미래에 적용되는 시스템의 안정성에 대한 불안이 일어난다. 이는 미래에도 시스템이 적용된다는 믿음을 사라지게 하고 그 결과, 예측 가능한 안정적인 미래를 확신하지 못한다. 이렇게 되면 사람들이 통제되지 않는 환경 속에서 무력하게 위험에 노출이 될 것이라는 예상을 하게 되고 앞에서 설명한 과정을 거쳐 주술적 사고에 도달하게 된다. 흔히 불경기에 점집이 호황이 된다거나, 커다란 사회적 이슈가 있을 때마다 주술이나 점술에 의존하는 사람들이 많아지는 것은 이러한 이유 때문이다. 현재 한국의 점술/주술 시장의 규모는 2007년 기준 4조원에 이르며 점차 성장 중이라는 통계나 10명 중 4명이 점을 본다는 상황을 생각해 본다면 얼마나 많은 사람들이 주술적 사고에 사로잡혀있는지 알 수 있다.

이와 같이 주술적 사고는 개개인의 요인 보다는 사회적인 영향과 사회 체계의 안정성, 그에 대한 신뢰 역시 매우 중요하다. 그러므로 주술적 사고에 사로잡혀서 주변 사람들을 피폐하게 만드는 부분에 접근할 때, 단순히 그에 사로잡힌 한 개인의 문제가 아니라 그 주변의 상황을 함께 판단해야 할 필요가 있다.

3. 하루 만에 사람이 바뀌는 이유는?
주술적 사고를 가속시키는 점술

　이제 주술적 사고가 어떠한 과정으로 일어나는지 충분히 이해했을 것이다. 그렇다면 한 가지 의문이 생긴다. 어째서 어떤 사람은 단 하루 만에 주술적 사고로 들어가는 반면, 어떤 사람은 한 달 혹은 두 달 이상의 오랜 시간이 걸려서 주술적 사고로 들어가는 것일까? 그것은 그 사람의 개인적인 문제가 아니라 외부에서 그를 가속시킬 수 있는 요소가 들어갔기 때문이다.

　이렇게 가속시키는 요소는 바로 「점술」이다. 주술적 사고의 과정 속에 들어가 있는 사람이 점술적 언어 혹은 점술적 영향력을 받게 되면 그 과정이 더욱 가속화되어서 아주 빠른 속도로 주술적 사고에 들어가게 된다. 왜냐하면 점술이란 결국 원형적인 이미지 혹은 원형적 캐릭터의 영향력이 정신에 미치는 것이기 때문이다.

　많은 사람들은 미래가 불안하기 때문에 점을 보러 간다. 이는 주술적 사고의 초입에 해당하는 미래의 컨트롤 가능성 제약 혹은 무력감, 무력감을 통한 불안감 단계이다. 아직 이 단계에는 쉽게 정신을 되돌릴 수 있지만 점을 보았다면 이후의 단계가 매우 가속화된다. 우선 점을 본다는 행위 자체는 점을 보는 입장에서는 자신이 잘 모르는 영역에 들어가는 것을 의미한다. 이는 의식을 현실 영역이 아닌 「점」이라고 하는 다른 영역으로 옮겨가게 하며, 자신이 잘 모르는 영역에서 점쟁이가 하는 말만을 따라야 하기 때문에 쉽게 정신이 조종당하기 쉽게 된다.

이렇게 디소시에이션이 일어나면 다음 단계는 매우 쉽고 빠르게 자연적으로 진행된다.

자아의 분열이란 자아의 경계가 흐릿해지는 것이라고 말했다. 자아의 경계가 흐릿해지는 것은 자연적으로 일어나는 경우도 있지만 누군가가 의도적으로 일으킬 수도 있다. 자아는 영어로 에고(Ego)를 의미한다. 많은 경우 에고를 부정적으로 표현하지만 에고가 없이는 자아도 존재하지 않는다. 그러므로 내가 고집을 부려 에고를 유지하지 못한다면 자아가 분열되는 것이다. 즉, 점집에 가서 점쟁이의 말이 맞는지 틀리는지, 틀리다면 어느 부분이 어떻게 틀렸는지 등을 고집부리지 못하고 점쟁이의 말에만 맞아 맞아 하며 따라가기만 한다면 자연스럽게 점쟁이에 의해 자아 분열이 일어나게 된다.

자아 분열 이후의 원형에 의한 지배는 너무나 쉽게 일어난다. 여기에서 원형은 점쟁이 자신이 될 수도 있으며, 점쟁이가 사용하는 점술

도구가 될 수도 있다. 무엇이 되었건 그 자체로 이미 원형적인 기능을 하기 때문에 원형의 지배를 받게 되며 최종적으로 주술적 사고로 넘어가서 주술적 행위 없이는 미래를 컨트롤 할 수 없다고 믿게 되어 굿이나 비방 등에 수천, 수억의 돈을 쓰게 되는 것이다.

그렇다면 점쟁이들은 어떠한 식으로 상대방을 주술적 사고로 이끌어가는 것일까? 지금까지는 그 과정에 대한 이해를 했으니 이제부터는 실제 점쟁이들이 사용하는 언어의 형태에 대해 알아보도록 하자.

첫 번째 형태 : 늘어놓기

기본적으로 여러 가지 특성이나 사건들을 열거해두는 방식의 언어 형태를 말한다. 이렇게 되면 그중에서 상대방이 자신에게 해당하는 것만 선택적으로 받아들이고는 점쟁이의 말이 맞는다고 느끼게 만드는 것이다. 예를 들면 "지금 이 카드는 좌절, 은신, 도피, 실패, 멈춤, 모함 같은 의미를 가지고 있어요."라는 말을 점쟁이가 했고, 지금 무언가 실패를 해서 좌절 중이었다고 하면 이 말에서 「좌절, 실패」와 같은 키워드만이 뇌리에 박히고 그 이외의 단어는 자연스럽게 머릿속에서 지워진다.

이것을 확장한 형태가 되면 조건을 붙이기도 한다. 어떤 부분에서는 이런 특성을 가지지만 또 다른 부분에서는 이런 특성을 가진다거나,

돈과 관련된 부분에서는 어떠한 일들을 겪었고, 인간관계에서는 어떠한 일을 겪었다 등과 같이 말하는 것이다. 예를 들면 "최근에 돈과 관련해서 생각지도 않은 돈이 나가고, 주변 사람들에게 쓰는 돈이 부쩍 늘면서 수입이 줄어들었을 것이고, 건강에 있어서는 주변 사람들의 건강 문제가 하나둘 들리면서 불안해지고 있지만 그래도 아직까지는 괜찮다고 생각하고 있네요."와 같이 돈, 건강 등의 특정 분야에를 선정하여 늘어놓는 것이다. 이렇게 특정한 분야를 선정해서 소재를 늘어놓게 되면 매우 자세하게 혹은 특정한 부분만을 정확하게 이야기하는 듯한 느낌이 들기 때문에 쉽게 점쟁이에게 빠져들게 된다.

두 번째 형태 : 양면성 서술

한 가지 대상이 지니고 있는 양면적인 부분을 모두 이야기하는 형태이다. 사교성이 좋은 사람이라 할지라도 혼자 있고 싶을 때는 있다, 반대로 혼자 있는 것을 좋아하는 사람이라 해도 사회생활 등으로 어느 정도는 사교성을 보이는 경우가 많다. 이렇게 사람 혹은 대상이 본질적으로 지니는 양면성을 마치 자신이 맞춘 것처럼 만드는 것이다. 그러므로 만약 사업과 관련된 운을 점친다고 했을 때 "지금은 사업이 잘 되고 있지 않지만, 아직 기회가 남아있다."와 같은 식으로 미리 반대쪽 반론을 말해버리는 것이다.

이것은 여러 가지 형태로 변형되어 사용된다. 가장 많이 사용되는 형태는 당연한 것을 마치 맞춘 것처럼 이야기하는 것이다. 보편적으로 긍정적이라고 생각하는 것을 좋아하고, 부정적이라고 생각하는 것을 싫어한다고 하는 것이다. "사람들에게 기회를 공평하게 나눠주는 것은 좋아하지만, 누군가 그 기회를 악용하는 것은 싫어하네요."와 같은 식으로 말하는 형식이다.

또 다른 형태로는 장점과 단점을 양면성 서술 형태로 사용하는 것이다. "혼자서 하는 일은 잘하지만 사람들과 합을 맞추는 것을 어려워하네요."와 같이 A라는 것은 잘하는 장점이 있으며, 그에 비해 그에 반대되는 B라는 것은 단점이라는 식으로 양면성을 설명하는 것이다. 여기에 더해서 장점인 부분에 의해서 이득이나 좋은 일이 생기고, 단점인 부분에 의해 안 좋은 일이 생긴다고 엮어서 말하는 방식이다. 이렇게 하면 장점과 단점에 대해 하는 이야기는 누구나 당연한 것이라고 생각할 수 있지만, 그로 인해 생기는 좋은 일이나 나쁜 일을 이야기하면 장단점이 아닌 사건으로 초점이 옮겨가기 때문에 쉽게 점쟁이의 말에 넘어가게 된다.

세 번째 형태 : 질문하기

맞추는 것처럼 보이지만 사실은 질문을 하는 경우도 많이 있다. 이렇게 질문 형태로 말하게 되면 상대의 대답에 맞추어서 대응을 바꿀 수도 있으며 질문을 통해 정보를 수집하는 등 유연성이 높아지기 때문에 상당히 많이 사용하는 형태이다. 특히 대부분의 사람들은 질문을 받으면 그 질문에 대해 답을 하려는 경향이 있고, 점쟁이는 그 답에 맞추어서 자신이 질문을 했지만 오히려 자신이 맞춘 것으로 만들 수 있게 된다.

가장 많이 사용하는 질문의 형태는 직접적으로 질문하는 것이다. 대표적인 형태로는 "~하지요?"라는 식으로 직접 물어보는 것과 "~하지 않나요?"하는 식으로 한번 돌아가듯 묻는 형태가 있다. 예를 들면, "최근 금전적으로 힘든 일이 많아졌지요?" 혹은 "어렸을 때 높은 곳에서 떨어진 일이 있지 않았나요?"하는 식으로 묻는 것이다. 만약 여기에서 맞다는 답이 나오면 그것은 점쟁이가 맞춘 것이 되며, 틀리다고 하더라도 점쟁이는 그렇게 물어본 이유를 붙여서 점사가 아닌 확인을 위한 질문으로 만들어버린다. 맞건 틀리건 간에 점쟁이는 아무것도 손해 볼 것 없는 말을 하는 것이다.

그러므로 보통은 질문 후에 "내가 질문한 이유는…"으로 자신의 질문을 합리화시킨다. 이렇게 되면 그 어떤 질문을 해도 맞는 질문은 모두 점쟁이의 능력으로, 틀린 질문은 모두 질문한 이유에 대한 확인을 위해서 한 것이 된다. 예를 들어 "왜 물어봤냐 하면, 사주에 지금 불이 많아서 머리가 아플 수 있어서요."와 같은 식이다.

네 번째 형태 : 칭찬하기

일반적으로 칭찬을 싫어하는 사람은 없다. 그렇기 때문에 그 칭찬의 내용이 맞지 않는다 할지라도 대부분의 경우는 반론하거나 반박하지 않고 그냥 넘어가는 경우가 대부분이다. 그러면 자연스럽게 점쟁이의 점사가 맞는 것이 되고, 이를 기반으로 하여 다른 점쟁이의 점사들도 맞도록 느끼게 만드는 것이다.

이 칭찬은 단순하게 직접적으로 칭찬하는 형태도 있지만, 그보다는 간접적이고 다양한 비유를 들어서 칭찬하는 경우도 많다. 마치 유감주술과 같이 긍정적인 특성을 지니는 사람들이 공통적으로 지니는 속성을 당신도 가지고 있다는 식으로 점사를 보는 것이다. 예를 들어, "옛날부터 높은 관직에 오른 사람들은 사주에 관(官)이 많았는데, 지금 당신 사주가 딱 그렇다."와 같은 식이다. 「높은 관직에 오른 사람」이라는 긍정적 특성과 그들이 가지고 있는 「사주에 관이 많다」라는 속성을 이용하여 간접적으로 「당신도 높은 관직에 오를 수 있다」라는 식으로 칭찬을 하는 것이다.

앞에서 설명한 양면성 서술을 함께 사용하는 경우도 있다. 이 경우는 서로 정반대의 두 가지 속성을 사용하여 칭찬하되, 각각의 속성은 각기 다른 주제에서 적용되는 것이다. 예를 들어, "위급한 상황에는 빠른 결단을 내리는 반면에, 다른 사람의 일에 있어서는 심사숙고해서 문제가 생기지 않도록 하는 성격이군요."와 같은 것이다. 빠른 결단과 심사숙고하는 것은 각기 정반대의 속성이지만, 이것을 긍정적으로 표현하고 각기 다른 분야에서의 성격으로 적용시키는 것으로 양면성이 가지는 모순을 피해가는 방식이다.

 분명 이런 말들은 평상시에 주변 사람들이 사용한다면 이상하게 생각하고 받아들이지 않을 내용들이다. 그렇다면 어째서 점쟁이가 저렇게 이야기하면 받아들이는 것일까? 그것은 점쟁이가 가지고 있는 사회적 역할과 함께 점쟁이가 사용하는 점술 도구에 대한 신뢰로 설명할 수 있다.
 점을 보러 간다는 것은 이미 점쟁이가 하는 말을 사실로 받아들이겠다는 전제를 한 상태와 다름없다. 그러므로 점쟁이의 말이 완전히 틀린 것이 아니라면 어느 정도는 스스로 맞춰주려고 한다. 그러니 점쟁이의 말이라면 일단은 맞다고 생각하고 그 말을 일종의 조언처럼 받아들이는 것이다.
 또 한 가지는 점쟁이가 사용하는 점술 도구에 있다. 사주, 타로카드, 손금 등의 점술 도구는 일반인들이 쉽게 배우고 익힐 수 있는 것들이 아니다. 또한, 그 도구 자체가 우리는 파악할 수 없는 영적 세계 혹은 운명을 읽을 수 있다고 생각한다. 그렇기 때문에 점쟁이가 사주 등의 점술 도구를 매개로 삼아 이야기를 하게 된다면, 대부분의 사람들은 그에 반박하지 못하고 그저 들을 수밖에 없는 것이다.
 이것은 단순히 점술이라는 상황 하에서 일어나는 것은 아니다. 이미 말했지만 이와 같은 언어적 형태는 우리의 일상생활에서도 많이 일어난다. 그러므로 점술이 아니라 할지라도 점술과 유사한 상황 혹은 유사한 관계가 형성된다면 단순한 대화만으로도 점술을 통한 주술적 사고로의 가속이 일어날 수 있다. 또한 단순히 대면 관계뿐만이 아니라 SNS를 통해서도 충분히 일어날 수 있다.

점술을 통한 주술적 사고로의 진행은 관계와 도구에 대한 신뢰가 관련되어 있다. 그러므로 SNS에서 한 번도 얼굴을 보지 못한 사람이라 할지라도 그 사람이 평소에 SNS에 올리던 글이나 사진의 메시지에 공감하고 그의 주의/주장에 찬동한다면 그가 하는 말은 모두 점술적인 언어가 되어서 정신에 작용한다.

이는 매개 역시 마찬가지로 점술이라는 도구가 아니라 통계, 여론 등과 같이 일반적으로 신뢰성 있다고 생각하는 도구를 사용하여 어떠한 메시지를 주장하면 그것도 점술적 효과를 일으키기 때문에 주술적 사고로의 진행을 빠르게 가속화시킬 수 있다.

그러므로 온라인으로도 사람들의 선전/선동하는 것이 가능하고 한 번도 얼굴을 보지 못한 사람의 명령을 듣고 비상식적인 행동을 하는 이유는 그 행동을 하는 사람들이 멍청해서가 아니라 온라인에서의 관계와 그들이 사용하는 매개가 점술적 효과를 일으켜서 사람들의 정신을 주술적 사고 상태로 이끌어가기 때문이다. 특히나 SNS와 같은 온라인 활동을 하게 되면 사람의 정신은 자연스럽게 디소시에이션을 한 상태가 되기 때문에 점술적 효과가 매우 쉽게 일어나며 빠르게 가속화한다. 이러한 이유에서 온라인에서 보게 되는 모든 메시지나 주의/주장은 그 근거를 확인해야 하며, 그 주의/주장을 하는 의도를 항상 생각해 보지 않으면 선전과 선동의 도구가 될 수 있다.

4. 세뇌가 잘 되는 사람과 아닌 사람은?

자아 건강성과 회복 탄력성

| 자아를 버려야 한다?

자아란 한 사람의 정체성을 보호하는 정신적인 방어막과 같은 기능을 한다. 만약 자아가 약하다면 자신과 타인의 경계선이 약한 것이기 때문에 자신이 하기 어려운 부탁이라도 거절하지 못하고 받아들인다거나 다른 사람에게 부탁을 하기 어려워하거나 하는 등의 어려움을 가지게 된다. 특히 자아가 약한 사람은 타인에게 쉽게 정신적인 영향을 받으며 그 정신이 쉽게 지배당하고 조종당하는 경향이 강하다.

주술적 사고에 들어가기 쉬운 사람은 이렇게 자아의 힘이 약한 사람이 많다. 도를 넘을 정도로 내가 아닌 집단이나 단체를 우선시하고, 타인의 시선과 타인의 생각을 신경 쓰는 사람이라면 어느 정도는 그 정신이 오염되어 있다고 생각할 수 있다.

문제는 많은 곳에서 자아의 힘을 스스로 약화시키도록 유도하고 있다는 점이다. 수많은 자기계발 테크닉이나 명상 등에서는 자아, 즉 에고를 없애야 한다고 한다. 이러한 집단은 주술적인 사고를 조장하는 곳이 많으며 해당 기법을 실천하는 사람을 주술적 사고로 유도하여 자신들의 주의/주장으로 세뇌하는 곳이 많다.

이러한 집단의 특징으로는 마치 자아가 모든 고통의 중심에 있는 것과 같이 주장한다. 당신이 고통스러운 이유는 다른 사람을 생각하지 않고 자기 자신만을 생각하기 때문이라거나, 자기 자신의 아집을 버려야만 행복이 찾아온다는 등의 주장을 한다. 그리고 이를 위해서 자아를 해리시켜서 소실시키는 명상이라거나 훈련법을 가르친다.

하지만 자아란 우리의 정신과 심리에 있어서 아주 중요한 작용을 하는 요소로, 자아가 무력해지거나 사라져서는 안 된다. 지금까지 설명한 주술적 사고와 주술적 사고를 촉진시키는 점술이나 명상, 정신 테크닉 등은 자아가 건강한 사람들에게는 영향을 주지 못한다. 그러므로 정신이 조종당하지 않고 스스로를 유지하기 위해서는 자아를 건강하게 만들고 유지하는 것이 매우 중요하다.

| 건강한 정신이란?

건강한 정신이란 「그 애착의 대상이 외부에 있는 정신」을 말한다.

즉, 원하고 추구하는 대상이 내면의 평화, 자신감과 같이 내면에 있는 것이 아니라 돈, 이성 등과 같이 나의 외부에 명확하게 드러나는 것이어야 한다. 왜냐하면, 추구의 대상이 내면이 되면 스스로 디소시에이션으로 빠지게 되고 그 결과 자연스럽게 자아가 붕괴되면서 정신병으로 나아가기 때문이다. 추구의 대상이 외부에 있어야만 의식의 대상을 외부로 돌리고 나와 내가 아님을 명확하게 구분할 수 있다.

이렇게 애착의 대상이 외부에 있는 것은 나와 다른 사람을 가르는 경계선인 「자아」가 관련되어 있다. 즉, 자아가 강하고 튼튼해야만 나와 다른 사람을 확연하게 구분할 수 있다. 이를 정신이 아닌 육체에 비유해 보면 쉽게 이해할 수 있다. 만약 외부의 병원균을 막아내는 면역체계가 없다면 쉽게 외부 병원균에 의해 병에 걸릴 것이다. 우리의 정신도 이와 마찬가지로 외부의 영향을 막아내는 면역체계인 자아가 없으면 쉽게 외부에서 들어오는 생각들에 조종당할 것이다.

실제로 천천히 생각해보면 마음이 불편하고 아프다 혹은 기분이 좋지 않거나 화가 나는 등의 상태는 나와 타인의 구분이 불명확한 경우가 대부분이다. 다른 사람이 당한 일을 보고 거기에 이입하거나 다른 사람이 내게 무언가를 행했을 때 그 사람의 의도나 생각을 지레짐작하고서 반응하는 경우가 많다. 즉, 자신의 내면 혹은 내적 이미지와 느낌을 사랑하고 존중하느라 외부의 현실에 대해 냉정하게 판단하지 못하는 것이다. 바로 이것이 애착의 대상이 내부에 있을 때 생기는 일이다.

쉽게 생각해 봐도 소위 「기분이 좋지 않아서」 명확하게 성공할 일을 시도조차 하지 않는 경우가 있다. 반대로「그럴 기분이라서」복권을 구입하는 등의 명확하게 실패할 일을 하는 경우도 있다. 이는 모두가 애착의 대상과 초점이 내부로 향해있는 상황이며 내면의 기분과 느낌에 따라 행동할 뿐 냉정하게 분석하고 판단하여 행동하는 것이 아니다. 이러한 상태를 나르시시즘(Narcissism)이라고 하며, 내면의 느낌과 이미지에 과도한 가치부여를 하고 있는 상태이기 때문에 과대망상이라 칭하기도 한다.

자아의 기능

자아는 총 12가지의 기능으로 표현된다. 이 기능들이 얼마나 효율적으로 잘 작동하는가가 자아의 건강성을 나타내는 것이며 이 기능들을 얼마나 적절하게 잘 다루느냐가 자아가 얼마나 건강한지를 살피는 것이며, 이 12가지 기능이 제대로 작동하고 있지 않다면 그것이 현재 자아의 기능에 문제가 있다고 보면 된다. 이 12가지 기능은 다음과 같다.

- 현실검증 : 사적논리와 공적논리를 구분하는 기능
- 판단력 : 인과의 예측하는 기능
- 현실감 : 외부현실과 신체의 리얼리티를 확보하는 기능
- 욕동조절 : 욕동의 표출을 사회적인 맥락에 맞추어 발현하는 기능
- 대상관계 : 외부의 타자들과 관계를 맺는 기능

- 사고능력 : 자신의 사적논리를 공적 세계에 언어화해서 표현하고 소통하는 기능
- 적용적 퇴행 : 현실에서의 진보를 위해 선택적으로 유아기나 주술적인 세계로 퇴행했다가 돌아오는 능력
- 방어 : 정동과 욕동에 대한 자아보존 기능
- 자극차단 : 내부 혹은 외부에서의 자극에 대해 예민하지 않고 적절한 반응을 하는 기능
- 자율기능 : 무언가 떠올리려 했을 때 바로 떠올릴 수 있는 것처럼 지각과 기억과 언어나 동작 표현 등등에 대한 자율적 반응
- 통합기능 : 모순되는 상황에 대해서 더 넓은 시야로 통합하여 처리하는 기능
- 과제해결 : 문제를 현실적이며 실제적인 방법으로 해결하려는 경향성

바꿔 말하자면 이 12가지 기능이 제대로 작동하지 않도록 만드는 것이 주술적 사고로의 이행을 가속화시키는 것이며 스스로 이 기능들을 점검했을 때 제대로 작동하고 있지 않는 부분이 있다면 자신이 주술적 사고로 나아가고 있지 않은지를 시급히 확인해야만 한다.

자아 건강성을 위협하는 세 가지 갈등

자아가 건강하다는 것은 앞에 설명한 12가지 기능들이 제대로 기능하고 있는지의 여부라고 이야기했다. 이 12가지 기능들이 갈등 상황에

서 「방어기제」라는 형태로 나타나며 자아를 보호한다. 방어기제를 발생시키는 갈등 상황은 아래의 세 가지 상황이다.

1) 초자아와 자아와의 갈등

초자아는 자아가 「해야 하는 것」 혹은 「되어야 하는 모습」을 자아에게 강요한다. 하지만 사실상 아무도 그 사람에게 그렇게 해야 한다 혹은 그렇게 되어야 한다고 한 적이 없지만, 스스로가 「나는 이렇게 해야 해」 혹은 「나는 이렇게 되어야 해」라고 여기는 것이다.
이 경우 초자아의 강요에 맞추지 못할 경우 초자아는 자아를 단죄한다. 이렇게 되면 초자아와 자아 사이의 갈등이 생기는 것이다. 예를 들어 「아침에 일찍 일어나 운동을 해야 한다」라는 초자아의 강요가 있지만, 이를 여러 번 어겼을 경우 죄책감과 같은 방식으로 초자아의 단죄가 일어난다.
하지만 앞에서도 이야기했듯 아무도 그렇게 해야 한다고 한 사람은 없다. 즉, 아무도 단죄하는 사람은 없으나 스스로의 정신 속에서 스스로가 스스로를 단죄하고 있는 것과 같다.

2) 원초아(이드)와 자아와의 갈등

원초아는 번식(섹스)과 죽음(파괴)의 충동을 가지고 있다. 그러므로 언제나 기회만 되면 번식하려고 하며 죽음으로 모든 것을 없애려 한다. 프로이트가 성욕과 죽음의 욕구를 이야기한 것은 이 원초아의 욕동을 이야기한 것이다.

하지만 이 욕동은 우리의 사회에서 용인되지 않는 경우가 많다. 그러므로 대부분의 경우 이 두 가지 욕동이 발현될 때 이 욕동을 억압하여 밖으로 드러나지 않도록 한다. 이렇게 되면 억압된 원초아의 욕동과 자아의 억압 사이의 갈등이 생기며 욕동을 적절하게 해소하지 못하면 억압된 욕동의 압력이 점차 자아를 파괴해 간다.

3) 현실과 자아와의 갈등

이는 정신적인 요소와의 갈등이 아니라 실제 현실에서 일어난 사건과 자아와의 갈등을 말한다. 예를 들어 갑작스레 누군가와 사별하는 일을 겪게 되면 자아는 불안을 느낀다. 자아가 현실과의 관계에서 겪는 이 불안을 어떻게 다루는지가 자아를 건강하게 유지할 수 있는가를 결정한다. 많은 경우 충격적인 사건을 겪은 뒤에 주술과 점에 빠지거나 종교에 빠지거나 하는 것은 대부분 이 현실과의 갈등에서 자아가 견디지 못하고 붕괴되었기 때문이다.

이와 같이 매 순간 자아는 갈등을 겪는다. 그리고 가끔씩은 이 갈등에서 패배하여 자아가 붕괴되기도 한다. 그러므로 100% 안전한 자아는 존재하지 않으며, 아무리 합리적으로 생각하는 사람이라 할지라도 계속해서 자아 붕괴의 위험에 노출되어 있으면 언젠가는 자아의 붕괴가 일어난다. 그러므로 자아는 이 위협을 항상 받으면서 스스로를 지켜야 한다. 건강한 자아란 이 붕괴의 위협을 매 순간 견뎌낼 수 있는 자아를 말한다.

이렇게 말하면 마치 건강한 자아란 튼튼한 성벽과도 같은 생각을 한다. 하지만 실제로 건강한 자아란 무너지지 않는 자아가 아니다. 건강한 자아란 무너져도 다시 본래의 자아로 되돌아올 수 있는 자아를 말한다. 즉, 자아의 회복 탄력성이 건강한 자아의 핵심이다.

자아의 회복 탄력성이란 자아가 깨져 균형이 치우쳐도 다시 중심으로 되돌아올 수 있는 힘이다. 즉, 「정상」이라는 상태가 있어서 이 상태를 벗어나면 「비정상」이 되는 것이 아니라 자아가 많이 깨어졌어도 스스로를 되돌릴 수 있는 범주 안에서 깨진 것이라면 이것은 「정상」의 범주로 둔다. 반대로 자아가 조금만 붕괴되어도 자아 회복력이 회복할 수 없는 영역으로 넘어갔다면 그 정신은 「비정상」의 영역에 있다고 볼 수 있다.

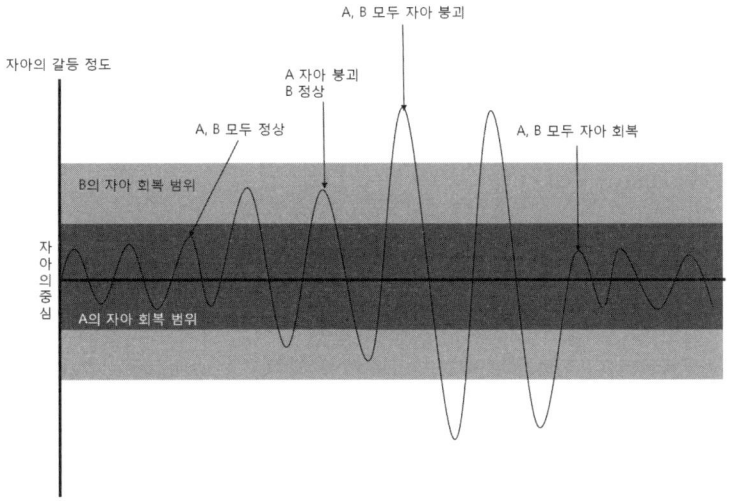

[그림 1] 회복의 범주 내에 있다면 정상

 그러므로 정신의 항상성 유지 기능(항상 특정한 상태를 유지하려는 기능)을 정신에 적용한 것이 자아라고도 볼 수 있다. 즉, 외부 사건 혹은 내면의 파도처럼 흔들리는 역동적 균형 깨짐 속에서 중심을 찾아서 돌아올 수 있는 것이 자아인 것이다.
 그러면 이 「중심」이라고 하는 것이 무엇인가가 관건이 된다. 우리의 자아는 기억의 연속성, 체감각 동일성, 인지주체의 연속성으로 구성되어 있다. 이 세 가지가 연동되고 있다면 자아는 유지되고 있는 상태이다. 이렇게 연동되어있는 상황에서는 나의 존재성이 하나의 방향성을 지니고 나아가고 있는 것과 같은 느낌을 받는다. 만약 이 연동성이 깨어진다면 의식과 기억은 연속되어 있지만 체감각의 피드백이 일어나지 않는다거나 의식과 체감각은 있지만 기억의 누락이 일어난다거나 하게 된다.

　이 세 가지가 연동되는 것이 바로 자아의「중심」이다. 그러므로 잠시 균형이 깨어졌어도 이 연동 상태로 되돌아올 수 있다면 자아가 건강한 상태이며, 눈을 뜨고 있더라도 이 연동이 되돌아오지 못한다면 자아 건강성에 문제가 있다고 생각할 수 있다.

　이와 같이 주술적 사고로 향하는 입구에는 자아의 건강성이 자리하고 있다. 여러 번 이야기한 것과 같이 이 자아의 건강성은 지적인 능력이나 유전적인 특성과는 관련이 없다. 왜냐하면, 그 사람의 정신이 자아의 갈등을 얼마나 잘 처리할 수 있는가에 달려있기 때문이다. 단지, 이유는 알 수 없지만 여성의 경우가 통계적으로 이 자아의 갈등 처리에 있어서 남성보다 취약하기는 하다. 하지만 그렇다고 남성이 여성보다 주술적 사고로의 진행이 어렵다는 것은 아니므로 섣불리 단정할 수는 없다.

　정신도 육체의 건강과 같다. 그러므로 항상 정신의 건강성, 즉 자아 건강성과 회복 탄력성에 유의하며 어딘가 문제가 있는 곳은 없는지, 제대로 기능하지 못하는 부분은 없는지 확인하지 않으면 자기 자신도 모르는 사이에 세뇌되어 누군가의 꼭두각시로 움직이고 있을지 모른다.

5. 자아는 어떻게 분열되어 가는가?

자아 분열의 과정

　자아의 분열에 대해 조금 더 자세히 살펴보도록 하자. 주술적 사고로의 이행에 있어서 자아 분열은 입구와 같은 역할을 한다. 그러므로 자아 분열을 막을 수 있다면 주술적 사고에 의한 세뇌를 막을 가능성이 매우 높아진다.

　앞 장에서 다루었던 초자아의 처벌을 자세히 살펴보자. 많은 경우 우리는 소망의 대부분을 억압하여 무의식화한다. 무의식화란 마치 어떤 물건을 보이지 않는 곳에 두는 것과 같다. 이렇게 우리 눈에 보이지 않으면 마치 그것이 없는 것과 같이 느껴진다. 하지만 실제로는 보이지 않을 뿐 그곳에 존재한다. 우리의 소망 역시 마찬가지로 이를 억압하여 무의식화하게 되면 우리가 의식하지 못할 뿐 그곳에 소망은 사라지지 않고 존재하고 있다.

　이렇게 이야기를 들으면 억압이 마치 나쁜 것이라고 생각하게 된다.

그리고 대부분의 사람들도 억압하는 것은 나쁘니 억압한 것을 해방하라고 이야기하기도 한다. 하지만 억압이 없다면 사람들은 자신의 충동대로 행동하게 되고 그렇게 되면 사회가 유지되지 못한다. 그러므로 억압이란 기본적으로 긍정적인 기능을 한다고 보아야 한다.

문제는 이 억압이 스스로를 공격하게 되면 생긴다. 아직 억압을 환상을 통해 해소하는 단계는 괜찮다. 그러므로 성적 판타지와 같은 환상일 때에는 아직 억압이 자아를 공격하지 않는다. 하지만 이것이 판타지를 넘어 현실로 일어날 때가 문제가 된다.

아직 자아의 억압이 일어나고 있는 단계에서는 평상시에 원초아의 소망과 감흥을 느끼지 못한다. 반대로 무언가 느껴지는 것이 많고 감흥이 강렬한 삶을 살고 있다면 이것은 자아의 억압이 약해진 상태를 말한다. 이것은 자아의 힘이 약해지고 있다는 증거이며, 자아의 건강성이 약해지고 있다는 증거이기도 하다. 그러므로 삶이 가슴 뛰거나 강렬한 감흥이 함께하는 삶을 산다면 자아의 억압기능이 약화되어 있어서 정신병으로 이행할 수 있는 상태가 된다. 그러므로 아직 억압이 제대로 기능하며 무언가 강렬한 감흥을 느끼지 않고 있는 삶은 정상적인 삶을 살고 있다고 볼 수 있다.

판타지가 현실화된다는 것은 명확한 인과관계를 가지고 그 판타지가 현실화되는 것을 말하지 않는다. 프로이트 심리학에서는 「오이디푸스 승리자」라는 개념이 있다. 이는 오이디푸스 콤플렉스를 가지고 있지만 실제로 오이디푸스 콤플렉스가 좌절되지 않고 어떠한 식으로건 이루어져 버리는 경우를 말한다. 예를 들면, 어떤 남성이 유소년기에 가족들과 저녁 식사를 하던 중에 어머니가 아버지에게 "○○(아들 이름)가 당신보다 낫네."라는 말 한마디를 하는 순간 그는 자신이 아버지를 이겼다고 생각하게 된다. 바로 환상으로만 가지고 있던 오이디푸스 콤플렉스가 현실에서 이루어진 것이다.

이와 같이 환상이 현실로 이루어질 때 초자아는 자아를 심판한다. 분명히 나 자신과는 무관한 사건임에도 불구하고 그 환상이 이루어진 것만으로 자아는 초자아에게 처벌받게 된다. 이것은 내가 의도한 것도 아니고, 내가 관련된 것이 아님에도 일어난다. 예를 들어, 정말 싫어하던 사람이 있어서 속으로 그 사람이 죽었다고 생각했고, 그것이 나와는 관계없이 실제로 일어나게 되면 초자아가 자아를 심판하게 되는 것이다. 바로 무의식으로 억압하여 판타지로 견뎌내던 소망들이 현실이 되는 순간이다.

이렇게 판타지가 현실이 되는 순간 자아는 충격을 받고 자아가 해리 혹은 분열된다. 그리고 이 순간은 슬픔이나 놀람보다는 죄책감이 우선적으로 일어나게 된다. 왜냐하면, 자신이 내밀하게 감추고 있던 판타지와 소망이 현실화한 것에 대한 죄책감을 느끼기 때문이다. 이 순간에는 무의식이 현실과 소망을 구분하지 못하는 상태가 된다. 바로 이 순간이 자아가 분열된 순간이다.

자아가 건강하다면 이렇게 분열된 상태에서 빠르게 다시 자아를 재구축한다. 하지만 자아의 건강성이 약하거나 자아에 콤플렉스라고 하는 상처가 많이 있다면 자아가 재구축하지 못하고 서서히 무너지게 되면서 내면과 외부의 경계가 모호해지게 된다. 이렇게 내부와 외부의 경계가 불분명해진 상태를 「경계성 인격장애(Borderline Personality Disorder)」라고 한다.

경계성 인격장애 상태에서는 외부의 일을 내면과 혼동하게 된다. 그래서 외부에서 일어나는 일들을 모두 자신과 관련이 있다고 착각하게 된다. 마치 지나가던 사람과 잠시 눈이 맞았는데 그 사람이 히죽 웃은 것이 내 헤어스타일이 웃겨서 그렇다고 착각하는 것과 같은 것이다. 물론, 실제로 그런 이유에서 웃었을 수도 있지만 그렇지 않았을 수도 있다. 하지만 경계성 인격장애 상태에서는 현실을 통한 검증 없이 자신의 생각을 그대로 믿어버린다.

그래도 경계성 인격장애의 초기 단계에서는 아직 자아를 되돌아오게 할 수 있는 여지가 있다. 하지만 자아를 되돌리는 과정에서 이유를 알 수 없는 불안감이 몰려오게 된다. 이 불안감은 과연 앞으로도 내가 자아를 유지할 수 있는가에 대한 불안감이다. 이미 한 번 무력감을 체험하고 자아가 무너지는 경험을 했고, 앞으로도 유사한 무력감을 체험했을 때 과연 지금과 같이 자아를 되돌릴 수 있을까에 대한 불안이다. 그러므로 이유를 알 수 없는 불안감은 과거에 무력감을 체험했을 때의 경험에 기반하여 미래에도 일어날 수 있는 무력한 상황 혹은 무력감을 체험하고 그 상황에서 되돌아오지 못하는 것에 대한 불안감이라고 볼 수 있다.

이 단계에서도 돌아오지 못하고 더욱더 내면으로 향하게 되면 중증 경계성 인격 장애로 나아가게 된다. 이 단계부터는 본격적으로 그 애착의 대상이 자신의 내면이 된다. 점차 외부에서의 현실적 증명이 필요하지 않고 자신의 느낌이나 생각이 점점 큰 가치를 가지게 되는 것이다.

이렇게 중증 경계성 인격장애가 되면 이상적인 부모의 역할을 추구하게 된다. 이전까지는 부모를 대신하는 동성 혹은 이성과의 관계를 외부에서 찾아왔다. 이것이 바로 애착의 대상이 외부로 향한다는 것의 의미이기도 하다. 하지만 이제는 그 애착의 대상을 내부로 향했기 때문에 내면에 존재하는 자신이 바라오던 이상적 부모상을 찾게 된다.

이 내면의 이상적 부모는 무한한 사랑을 약속해 준다. 물론, 그 사랑은 현실적이지 않고 현실상에서 일어나지도 않는다. 그렇기 때문에 현실과 내면의 이상적 부모와의 괴리를 조절해야 할 필요가 생긴다. 바로 여기서부터 정신병으로의 길로 나아가게 된다.

이 내면의 이상적 부모상은 내면에 존재하기 때문에 현실에서의 체험에서 자신을 보호해주지 못한다. 그렇기 때문에 매번 현실에서 감당하지 못하는 일을 만날 때마다 내면으로 도망쳐서 내면의 이상적 부모에게서 위로를 받으려 한다. 하지만 그렇게 위로를 받는다고 해서 현실이 변화하거나 현실이 더 나아지지는 않는다. 그렇다고 다시 현실로 눈을 돌릴 수 있을 정도로 자아가 회복하지도 못했다. 그러므로 자신의 내면이 현실을 오염시키기 시작한다.

이제부터는 자신은 옳고 세상이 잘못되었다는 식으로 외부 현실을 바라보기 시작한다. 이제 정신이 보편 무의식의 원형에 잠식당하기 시작하는 단계이다. 보편 무의식의 원형이라고 하면 신화나 오래된 상징 등을 생각하기 마련이다. 하지만 보편 무의식의 원형이란 보편적으로 대다수의 사람들이 무의식적으로 가지고 있는 원형적 이미지를 의미한다. 그러므로 대다수의 사람들이 당연하다고 생각하는 진실이나 상식 등의 개념을 말한다.

이 보편 무의식은 인류라는 종족의 번성을 위해 필요하다고 여기고 무의식적으로 따르게 하는 프로그램들을 말한다. 이는 집단 전체의 이익을 위해 필요하다고 생각하는 것들로, 집단의 가치관, 이데올로기, 윤리관 등을 말한다. 즉, 이 보편 무의식에는 개별성은 완전히 사라지고 집단의 단체성만이 살아있고 집단의 유지와 성장만이 목적이 되는 것이다.

보편 무의식에 잠식되었다면 이미 현실에서의 개별성을 무시하고 자신의 내면에서 체험하는 것의 중요도가 매우 높아진 상태이기 때문에 내면이 현실의 역동성에 맞추려는 것이 아니라 현실이 내면을 따라야 한다고 주장한다. 이것이 바로 내면이 현실을 오염시키는 것이며 보편 무의식의 꼭두각시가 되어서 움직이는 것이다.

하지만 문제는 이 보편 무의식은 개별자들의 행복을 위한 프로그램이 아니라는 것에 있다. 그러므로 개개인이 보편 무의식을 따르게 되면 그 개인의 행복은 보장되지 않는다. 그러므로 최대한 보편 무의식에서 자아를 보호해야만 개인의 행복을 이룰 수 있다.

하워드 블룸의 서적인 「루시퍼 원리」와 「집단정신의 진화」에서 이를 잘 설명하고 있다. 사막에 사는 불개미들은 산란기가 되면 햇빛 아래로 뛰쳐나간다. 그 수천 마리 중 운이 좋아 2초 안에 그늘에 도달한 개미들은 그곳에 새로운 개미집을 짓고 그 개미집에서 집단이 번식한다. 이렇게 살아남은 개미는 전체의 7~8마리 정도이며, 그 외의 수천 마리에 해당하는 개미들은 2초 안에 말라 죽어버린다. 확률적으로 보면 각 개체가 생존할 확률은 극히 희박하다. 하지만 사막의 불개미들은 이 방법을 계속해서 반복해 왔다. 왜냐하면 개미라는 종 전체에 있어서 이 방법이 종을 유지하고 발전시키는 가장 효율이 좋은 방법이기 때문이다. 이는 분명 개별자 개미에게 있어서는 악마와도 같을 것이다. 하지만 개미라는 집단 전체에게 있어서는 이것이 가장 좋은 수단이다.

인간에게 있어도 마찬가지이다. 개미들을 사막의 뜨거운 햇빛 아래로 내모는 것이 바로 집단 무의식이다. 보편 무의식 원형이란 이렇게 해당 종, 즉 인류라면 인류 자체에 가장 최적화된 효율성 전략을 사용하기 위해 각각의 개체를 소모품으로 이용한다. 그러므로 사람 각각의 행복에는 관심이 없는 것이 바로 인간을 지배하는 집단정신, 즉 보편 무의식 원형이다. 이 보편 무의식의 목적은 오직 생존에 우월한 유전자를 지닌 개체가 많이 번식하여 인류의 존속이 계속되기만을 바랄 뿐이다. 마치 성경에서 나오는 「생육하고 번성하여 땅에 충만하라(창세기 1:28)」가 떠오르지 않는가? 어쩌면 이 집단정신이 인간이라는 종에 있어서는 신(神)과 같을지도 모른다.

　이러한 보편 무의식에게서 개체의 정신을 지키는 방벽이 바로 자아(에고)이다. 그러므로 에고를 버리면 그 즉시 이 보편 무의식의 원형에 노출되어 버린다. 그리고 이 보편 무의식의 원형이 주는 충동성을 자기 자신의 생각과 신념이라고 생각하고 행동해버린다. 이렇게 생각하고 행동하면 여러 번 말했듯 그 개인의 행복은 완전히 무시되어버린다.

　사이비 종교와 사이비 교주는 신비한 사상이나 사회적으로 받아들여지지 않는 이야기를 하는 것만이 아니다. 마땅히 따라야 할 숭고한 가치와 이상에 있어서도 동일하게 세뇌를 위해 사용할 수 있다. 이는 사회 구성원 대다수가 찬성하는 이데올로기부터 시작해서 반일이나 반공도 마찬가지로 사용하게 된다. 그러므로 친일 세력 청산이라거나 반공 세력 청산 등의 주장을 매우 진지하게 하는 사람들은 모두 마찬가지로 자아가 무너져서 보편 무의식에 노출된 사람들이라고 볼 수 있다.

　그러므로 어떠한 주의/주장에 깊이 감화되어 마치 그 화신인 것 마냥 행하는 사람들은 정신병에 걸린 사람들이고 이러한 것에 휘둘리는 사람들은 모두 심신미약자들이다. 아무리 숭고한 이상이나 가치라 할지라도 그것들은 개인의 행복을 위한 것이 아니라 집단을 위해 개인의 희생을 강요하는 아이디어에 불과한 것이다. 그러므로 사람들이 불행한 것은 숭고한 가치와 이상이 실현되지 않기 때문이 아니라, 자신을 위한 것이 아닌 사상을 실현하려 하기 때문이다.

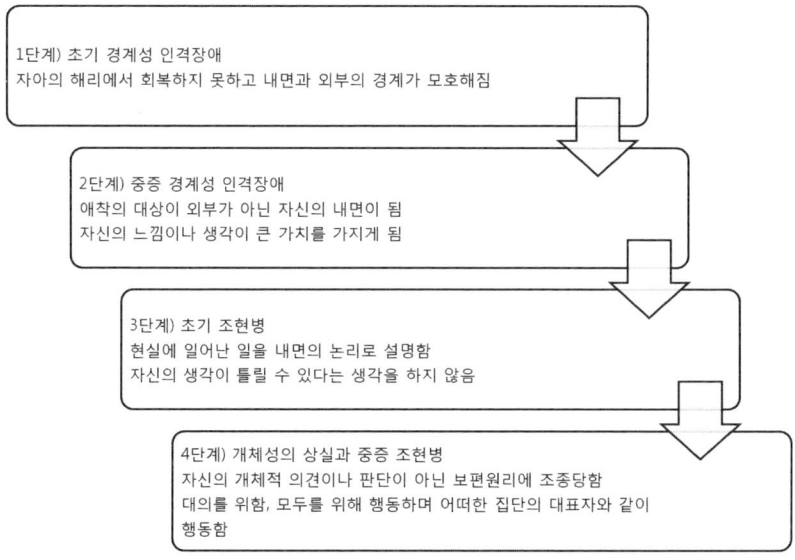

[그림 2] 정상에서 정신병으로의 이행 과정

 이미 애착의 대상이 내면으로 향하게 되면 정신병에 속하게 된다. 그러므로 아직 정신병 소양이 있거나 경계성 인격 장애의 초입에 위치한 사람들은 빨리 치료를 통해서 자신의 자아를 되돌리는 방법을 훈련해야 한다. 만약 이 단계를 지나가게 되면 이미 뇌에서 생리적으로 내면의 대상에 의한 쾌락 물질을 생성하는 회로가 만들어진 것이기 때문에 약물을 사용하지 않고서는 이 진행을 막을 수 없다.
 이것은 일상생활을 하면서 어떠한 체험을 만나는가에 대한 것으로도 확인할 수 있다. 만약 어떠한 체험을 하고 기분이 좋지 않다거나 그 기분이 반복되는 정도라면 아직 히스테리라고도 부르는 신경증 상태이며 아직은 자아의 기능이 활동하고 있는 것이다. 하지만 어떠한 체험을 통해 자신을 초월하는 거대한 존재를 느끼고 계속해서 그 존재를 느끼려고 한다면 경계성 인격장애에서 정신병으로 이행하고 있는 것이다. 그러므로 지금 이 순간에도 많은 사람들이 참나 혹은 신의 은총 등을 찾으려고 하는데 이는 스스로를 정신병의 위험에 노출시키는 매우 위험한 행동이다.

지금까지의 이야기를 정리해보자. 건강한 자아는 자아가 무너지지 않는 것이 아니라 무너져도 다시 회복할 수 있는 힘을 가진 자아라는 이야기는 이미 했다. 자아의 기능은 억압하는 것이며 이 억압이 제대로 기능해야만 우리는 사회 속에서 부적절한 행위를 하지 않으며 살아갈 수 있다.

하지만 이렇게 억압해 두었던 소망이 우연히 현실 속에서 성취가 되었을 때 자아는 타격을 입는다. 마치 감추어두었던 비밀이 들킨 것처럼 현실에 소망이 성취되면 그 순간 무의식은 자신이 그 소망을 실현시킨 것으로 착각해버린다. 그리고 그 순간 초자아는 자아를 처벌하여 자아를 무너뜨린다.

여기까지는 누구나 평상시에 여러 번 겪는 일들이다. 그러므로 이 일은 현상적으로 우연히 일어나는 것이지 노력하여 피할 수 있는 것이 아니다. 중요한 것은 이 다음의 일이다.

여기에서 다시 자아를 재구축하여 되돌아온 뒤에 다시 자아가 소망의 억압 기능을 할 수 있다면 매우 정신이 건강한 사람이다. 혹은 이때의 기분이나 느낌이 알 수 없이 반복되는 정도라면 신경증 단계로 일반인의 정신 상태라고 볼 수 있다.

하지만 자아의 회복력이 떨어지거나 심리적인 상처 등에 의해 자아가 다시 되돌아오지 못하게 되면 내부와 외부의 경계(=자아)가 불분명해지게 되며 이 단계를 경계성 인격장애라고 한다. 경계성 인격장애 상태에서는 외부에 일어난 일의 원인을 자신에게서 찾으며 세상 모든 일의 원인이 자기 자신이 된다. 심지어는 온라인에서 본 적 없는 사람이 기분이 나쁘다고 글을 올려도 사실은 그 사람이 기분 나쁜 것은 자신이 어제 그 사람의 글에 달았던 댓글 때문이라고 생각하는 경우도 있다.

아직 경계성 인격장애는 자아를 재구축할 수 있는 단계이다. 하지만 이 상태에서 더욱 내면으로 집중하게 되면 정신병의 단계에 들어간다. 이 단계에서는 조현병(調絃病)의 초기에 해당한다. 조현병은 과거 정신분열증이라는 병명으로 불리기도 했다. 자아가 완전히 부서지기 직전의 상태이며 외부에 일어나는 모든 현상을 자신의 믿음과 신념에 맞추어 왜곡하기 시작한다. 예를 들면, 자신이 호감을 보인 여성이 자신에게 매몰차게 대한다 해도 자신의 신념이 틀렸다고 생각하지 않고 상대 여성이 부끄러워서 매몰차게 대한 것이라고 생각하는 등 합리화를 하기 시작하는 단계이다. 그러므로 이 단계에는 현실에서의 결과에 따라 자신의 생각과 신념을 조정하는 것이 아니라 자신의 신념과 생각은 변하지 않고 현실에서의 결과에 나름의 이유를 붙여서 자신의 정신으로 현실을 오염시키기 시작한다.

조현병이 더욱 진행되면 더 이상 자아는 그 흔적도 남지 않고 보편 무의식의 지배를 받기 시작한다. 이 단계에서는 개별적 특성은 모두 무시된 채로 집단을 위한 사상과 이데올로기에 지배받아 그 아이디어의 화신과 같이 행동하게 된다. 그러므로 어떠한 종교적 신념을 과도하게 믿고 주변 사람들에게 종교를 믿기를 강요한다거나 자신의 생각을 따르지 않는 사람을 매우 가열차게 비난한다거나 하는 경우가 조현병 단계에 속한다.

조현병 상태에 들어가면 자신을 넘어서는 매우 거대한 존재의 체험을 하게 된다. 이는 보편 무의식의 원형을 체험한 것이며 이미 자아가 흔적도 남지 않고 사라진 상태이므로 보편 무의식의 영향력이 그 정신에 영향을 주고 있는 상태이다. 심지어 무의식에 있어서는 긍정적인 태도를 보였던 융(C. G. Jung)조차도 보편 무의식은 통합의 대상이 아니라 추방의 대상이라고 할 정도이다.

이렇게 자아가 무너지게 되면 그 사람은 특정한 사상과 주의/주장을 전파하는 단말에 지나지 않는다. 그러므로 이 단계가 되면 세뇌의 최종 단계에 도달했다고 볼 수 있으며 자아가 무너지면서 접한 사상 혹은 주의/주장이 무엇인가에 따라 그가 따르는 아이디어가 무엇인지가 결정된다.

  이렇게 자아가 무너진 정도가 심하면 심할수록 주술적 사고는 더욱 깊이, 쉽게 그 정신에 영향을 주게 되며 주술적인 행위를 하면 할수록 점점 더 자아는 쉽게 무너질 수 있는 구멍을 넓히게 된다. 여러 번 해 온 이야기이지만 이 자아의 붕괴의 시작이 되는 환경적 요인은 통제할 수 있는 것이 아니며, 개인의 유전적 특성이나 성별, 지적 수준의 높고 낮음과도 관계가 없다. 그러므로 항상 스스로의 정신에 관심을 가지고 자아의 건강을 확인할 수밖에 없다.

6. 유유상종의 주술적 사고
유감주술

주술적 사고란 경계성 인격장애 상태에서부터 시작한다. 이 시점에서부터 나와 다른 사람의 경계가 흐려지기 때문이다. 그러므로 우리는 상당히 흔하게 주술적 사고를 겪는다. 사실 하루를 살아가면서도 수십번씩 우리는 주술적 사고에 들어가고 주술적인 행위를 한다. 퇴근 직전에 일거리를 던져주는 상사에게 "들어가다 똥이나 밟아라!"라고 속으로 궁시렁거리는 것 역시 주술적 사고에서 행하는 저주 행위와 다름없다.

주술적 사고는 유감주술과 접촉주술로 나눌 수 있다고 앞에서 설명한 바 있다. 이번 장에서는 그중에서 유감주술에 대한 내용을 더 깊이 살펴보도록 하자.

왜 아이폰을 사는가?

매년 아이폰 신상품이 나올 때마다 전 세계가 들썩인다. 마치 아이폰은 신상품이 나올 때마다 세상을 바꿀 것 같은 느낌이 들게 만들고 아이폰을 사지 않으면 세상에서 뒤처지는 것처럼 느껴진다. 하지만 다른 스마트폰이 아이폰과 같은 느낌이 들지는 않는다. 그렇다고 아이폰의 기술적 스펙이 다른 스마트폰에 비해 월등한 것도 아니다. 그렇다면 도대체 무엇이 사람들에게 아이폰의 노예가 되도록 만드는가?

그것은 아이폰에 대하여 유감주술적 사고가 작동하기 때문이다. 유감주술이란 유사성의 법칙(Law of Similarity)를 말한다. 이는 형태, 색상, 소리 등의 외형적 모습이 비슷한 것들은 같은 속성을 지닌다는 주술적 사고이다. 예를 들어, 물뿌리개로 물을 뿌리는 모습은 비가 오는 모습과 닮아있다. 그러므로 기우제를 지낼 때 물뿌리개를 이용하여 물을 뿌리는 것으로 비가 오는 것을 상징적으로 모방한다.

이는 이름에서도 동일하게 작동한다. 특정한 캐릭터 혹은 대상과 동일한 이름을 가지는 것으로 그 대상의 속성을 가지도록 기원하는 것이다. 실제로 2015년 출생신고에서 남자 1위는 「민준」이 차지했다. 이는 인기 드라마 「별에서 온 그대」의 남자 주인공의 이름에서 유래했음을 쉽게 알 수 있다. 아이의 이름을 드라마 주인공의 이름으로 짓는 것을 통해 그 주인공이 가지고 있는 성격을 아이가 가지기를 바라는 주술적인 행위인 것이다. 이는 과거 위인의 이름으로 짓는다거나 작명소에서

운이 좋은 이름으로 짓는 등의 행위의 연장선에 놓여 있다.

　아이폰도 이와 동일한 원리를 가지고 있다. 아이폰에 대한 호감이란 아이폰의 기능에 대한 호감만을 의미하지 않는다. 아이폰 광고 혹은 아이폰이 가지고 있는 이미지 등에 대한 호감인 것이다. 그러므로 아이폰 CF에서 아이폰을 가지고 있는 사람이 얼마나 멋진 삶을 살고 얼마나 멋진 사람인지를 보여주는 것으로 사람들은 자신도 아이폰을 가지게 되면 동일한 삶을 살 수 있을 것이라는 유감주술적 사고를 작동시킨다. 이것이 아이폰 열광의 정체이다.

　이러한 생각은 롤모델과 같은 행동을 하면 자신도 롤모델과 같이 될 것이라고 생각하는 것도 마찬가지의 주술적 사고의 일종이다. 만약 내가 존경하는 사람이 매일 아침 6시에 일어나 한 시간 동안 조깅을 하는 라이프스타일을 가지고 있다면, 나도 그 사람처럼 되기 위해서 매일 아침 6시에 일어나 한 시간 동안 조깅을 할 것이다. 즉, 단순히 기호나 상징뿐만이 아니라 어떠한 행동이나 습관 역시도 주술적 사고의 대상이 되며 그렇게 행동하는 것으로 롤모델을 성공으로 이끈 어떠한 요소가 자신에게도 깃들기를 바라는 주술적 행위이다.

　이것은 식습관에도 동일하게 적용된다. 기름기가 많은 식품을 먹으면 피부가 지성이 될 것이라고 생각한다. 산삼은 사람과 같은 모양처럼 생겼기 때문에 한 사람을 살릴 수 있을 정도의 기적적인 효능이 있을 것이라고 생각한다. 병원 문병을 갈 때 흰 국화를 가져가면 장례식에 사용되는 꽃이니 불길하다고 생각한다. 이렇게 확실한 인과관계가 없지만 동일한 형태에는 동일한 속성을 지니게 된다는 주술적 사고는 우리의 삶 속에 만연해있다.

상징의 비밀

이러한 주술적 관계가 도식화된 것이 바로 상징이다. 상징이란 유사성의 법칙과 대표성을 이용한 기호를 말한다. 이 둘을 통해 특정한 기호와 특정 관념을 연결시키게 되면 그 기호가 바로 상징이 된다.

유사성의 원칙은 비슷한 것들은 서로 비슷한 결과를 낸다는 생각에서 유래한다. 보면 진정할 수 있게 되는 하늘과 바다는 파란색이기 때문에 파란색 기호는 진정하는 기능을 한다고 생각한다. 기름은 미끄럽기 때문에 시험 전에는 미끄러지지 않기 위해 기름을 먹지 않는다. 이와 같은 것들이 유사성의 원칙이다. 즉, 특정 기능과 속성을 소유하고 있는 대상을 단순화했을 때, 그 단순화된 형태와 유사하다면 유사한 기능과 속성을 소유한다고 여기는 것이다.

대표성이란 기호가 의미하는 대상 전체를 대표한다는 생각이다. 예를 들면, 흰 국화는 장례식을 대표한다. 국기는 국가를 대표한다. 한 사람의 생년월일은 그 사람을 대표한다. 이와 같이 해당 기호가 더 큰 대상을 대표하는 것이 대표성이 된다.

유사성의 원칙과 대표성을 함께 얻게 되면 그것이 상징이 된다.

2007년에 뉴욕 양키스 구장에 한 인부가 라이벌 구단인 보스턴 레드삭스의 선수 유니폼을 묻어놓은 일이 있었다. 이 일이 사람들에게 알려지자 양키스 팬들이 떠들썩하게 되었다. 그리고 결국 양키스는 정식으로 의식을 행한 뒤에 그 유니폼을 제거한 해프닝이 있었다.

여기에서 유니폼이 상징으로 기능하게 된다. 레드삭스의 유니폼은 레드삭스팀을 대표하는 대표성을 가지면서 동시에 레드삭스라고 하는 기능을 하고 있는 것으로 여겨진다. 이처럼 단순한 유니폼 하나로도 상징은 기능하게 된다.

주술사들은 영적 존재의 이름이나 상징을 도구나 종이, 몸에 새기거나 그 이름을 외치는 것으로 그 영적 존재의 힘을 사용할 수 있다고 생각했다. 그래서 그 이름을 말하는 법을 비밀스레 제사장들 사이에만 전해오거나 존재의 상징을 그리는 법 등이 암호처럼 전해져 왔다. 이것이 부적이나 여러 주술적 건축물들의 근간에 위치한 사상이다.

상징에 의한 주술적 사고는 이념적 연결성(Ideal Connection)에 의해 발생한다. 이념적 연결성이란 어떤 두 가지가 서로 실제 인과관계가 있다고 믿는 연결성을 말한다. 이는 실제적으로 그 인과관계가 있는지는 중요하지 않고 스스로가 인과관계를 체험하는 것이 중요하다. 만약 한밤중에 손가락을 튕겼는데 가로등이 갑자기 다 꺼졌다면 마음 속 한구석에서 내 손가락은 가로등을 끄는 마법적인 힘이 있는 것은 아닌지 생각해보게 된다. 이렇게 명백하게 별개의 사건임에도 불구하고 상황적으로 인과성이 있는 것처럼 보이는 것이 이념적 연결성이다.

이러한 이념적 연결성에 의해 상징을 사용하여 주술적 행위를 유도한다. 어떠한 유감주술적 행위 혹은 상징이 특정한 결과를 가져온다는 이념적 연결성에 의해 주술적 행위를 하게 되기 때문이다. 물론 그 주술적 상징이나 행위가 그 결과를 이끌어온다는 명백한 관련성은 없다. 하지만 주술 행위자는 이 주술적 행위가 사태를 통제할 수 있다는 믿음에 의해 주술적인 행위를 하게 되고 거기에 결과가 일어나고 일어나지 않고는 부차적인 것이다. 왜냐하면, 주술적 행위의 근본적 목적은 상황을 통제하려는 느낌을 얻기 위해서이기 때문이다.

사진을 쉽게 찢지 못하는 이유

사진에 대한 우리의 태도가 바로 이 유감주술적 사고의 대표적인 예라고 볼 수 있다. 연인과 헤어지게 되면 연인과 찍었던 사진을 지우거나 사진에서 연인이 있던 부분만을 찢어내 버린다. 이것은 매우 주술적인 행위로 사진을 지우고 사진에서 연인을 찢어낸다고 해서 연인이 실제로 사라지지 않는다. 하지만 이렇게 하는 것으로 상대방이 사라지기를 바라는 주술적인 기원이 담겨 있는 것이다.

이는 사진을 놓고 다트를 던지는 것에 대한 실험에서도 동일한 사고 작용이 일어남을 확인할 수 있다. 1986년 폴 로진 박사, 린다 밀먼 박사, 캐럴 네메로프 박사는 위인이나 자신이 좋아하는 사람의 사진을 다트판 중앙에 꽂아두고 행했던 다트 게임과 히틀러 혹은 싫어하는 사람을 다트판 중앙에 꽂아놓고 행했던 다트 게임의 결과를 분석하였다. 그 결과 좋아하는 사람을 꽂아놓았을 때가 싫어하는 사람을 꽂아놓았을 때보다 다트가 더 중앙에서 멀어진 것을 확인할 수 있었다. 이는 다트를 던지는 것으로 마치 사진의 사람에게 다트를 던지는 것과 같은 작용을 머릿속에서 일으키기 때문이라고 볼 수 있다.

예전에는 사진을 찍히면 영혼이 찍힌다고 생각하기도 했다. 또한 사진 혹은 초상화를 대상으로 하는 주술행위도 예로부터 만연했다. 이와 같이 상대방과 동일한 모습을 가진 그림 혹은 사진이라면 그것이 바로 상대방 그 자체를 상징하도록 주술적 사고가 작동하게 된다.

우리가 멋진 풍경을 보거나 기념할만한 상황에서 사진을 찍는 것도 마찬가지의 주술적 사고에 기인한다. 당연히 그 풍경에서의 감흥이나 기념할 일의 감흥을 사진이 되살려주지는 못한다. 단지, 사진을 찍어두는 것으로 그 순간을 동결시키고 그 힘과 감흥을 다시 되돌릴 수 있는 주술적 도구로 사용하려는 무의식적인 행동이다.

그렇기 때문에 어떤 일이 일어나거나 기념해야 할 상황에서 핸드폰을 들고 사진을 찍는 것은 이성적인 판단에 의한 행동이 아니라 주술적인 사고에 의한 무의식적인 행동이다. 그러므로 만약 이런 사진들을 담아놓은 핸드폰을 잃어버리거나 사진 메모리가 삭제되었을 때는 단순한 사진이 사라진 것이 아니라 그 안에 담겨둔 주술적 힘들도 함께 사라진 것이다. 그렇기 때문에 사진이 지워지면 이해할 수 없을 정도로 좌절하는 것이다.

　유감주술의 핵심은 동일한 형태를 가진 것은 동일한 기능 혹은 동일한 존재로 인식한다는 것에 있다. 이것은 상징에 대해 설명할 때 간단히 설명한 바 있지만, 실제 기능적으로는 동일한 기능을 하지만 형태적으로 다른 두 가지 물품을 놓았을 때 그 형태가 어떠한 형태를 보이는지가 사람들의 인식에 미치는 영향은 매우 크다.

　예를 들면 두 개의 병에 동일한 물을 담아 놓고 하나의 병에는 크게 해골 그림을 그려놓은 뒤에 사람들에게 두 병에는 동일한 물이 담겨져 있음을 알려주고 둘 중 하나를 선택하라고 하면 어떨까? 대부분의 사람들이 해골 그림을 피할 것이다. 이는 분명히 우리의 의식적인 수준에서 동일한 것이라는 것을 알고 있지만 해골이 가지고 있는 이미지와 느낌 때문에 그 병을 피하도록 무의식적인 영향을 일으킨 것이다. 이는 유감주술적으로 해골이 가진 죽음의 의미가 그 병에도 깃들어있다고 보는 것이다.

　다시 사진 이야기로 돌아오자면, 사진도 이 연장선상에 있다. 그 사람과 동일한 형태를 지닌 것이 바로 사진이기 때문에 무의식적으로 두 가지가 동일한 존재라고 인식하는 것이다. 그러므로 좋아하는 사람의 사진을 찢지 못한다거나 싫어하는 사람의 사진을 샌드백에 붙여두고 때리거나 할 수 있는 것이 바로 이러한 사고작용을 일으키기 때문이다. 이것이 유감주술적 사고의 가장 핵심적인 부분이라고 할 수 있다.

시카고 컵스의 저주는 염소에 의해서만 풀릴 수 있다

2016년 11월 2일, 미국 메이저리그의 야구 구단인 시카고 컵스(Chicago Cups)는 71년 전의 저주를 깨고 108년 만에 드디어 월드 시리즈 우승을 차지했다. 이 우승이 특별한 이유는 시카고 컵스와 관련되어있는 염소의 저주(Curse of Billy Goat) 때문이다.

사건의 전말은 이렇다.

1945년 디트로이트 타이거즈(Detroit Tigers)와 월드시리즈 4차전을 관람하던 빌리 시아니스(Billy Sianis)가 관람 중 함께 데려온 염소 냄새가 나서 경기를 볼 수 없다는 다른 관객들의 항의에 의해 경기장에서 퇴장당했다. 이때 빌리 시니아스는 쫓겨나면서 다음과 같은 저주의 말을 남겼다.

"이 월드시리즈에서 패배할뿐더러 다시는 다른 월드시리즈에서도 우승하지 못할 것이다! 너희들이 내 염소를 모욕했기 때문에 절대로 월드시리즈 우승을 하지 못할 것이다!"

그리고 이후로 컵스는 71년 동안 월드시리즈 우승을 하지 못했다. 물론 처음에는 별것 아닌 해프닝으로 생각했겠지만 너무나 오랜 시간 동안 우승을 하지 못하자 실제로 염소의 저주로 믿는 팬들이 많아졌다.

이후 컵스에서는 1973년에 저주를 풀기 위해 빌리 시아니스의 조카가 당시 염소의 7대손 염소와 함께 구장에 입장하려 했으나 이것도 저지되어 저주를 풀지 못하게 된다. 이후 여러 가지 방법을 동원해서 저주를 풀려고 했으나 저주는 깨어지지 않고 계속되었다.

우선 저주에 대한 주술적 사고는 제쳐두고 어째서 이 저주가 「염소의 저주」가 되었는지를 생각해보자. 시작은 염소에 대한 모욕이 시작이었다. 그리고 저주 역시도 염소를 모욕했기 때문에 우승하지 못할 것이라는 저주였다. 바로 여기에서 유감주술적 사고가 작동하게 된다.

유감주술에 대해 설명하면서 비슷한 원인은 비슷한 결과를 가져온다는 사고라고 설명한 적이 있다. 그러므로 지금 일어나고 있는 결과는 그 원인을 해결하지 않으면 해결되지 않는다는 주술적 사고가 일어난다. 그리고 그 원인이 바로 「염소」가 된 것이다. 마치 기계가 고장나서 제품을 잘못 생산하고 있을 때, 고장난 부분을 찾아서 새로 부품을 바꿔주면 제품이 제대로 나오는 것처럼 염소를 모욕한 것이 원인이 되어 우승하지 못하는 저주의 결과가 일어났으므로 염소의 모욕을 바꾸면 저주도 사라질 것이라고 보는 것이다.

저주를 떠올리는 것만으로 저주가 작동한다

시카고 컵스의 저주가 정말로 저주의 효과일까? 만약 저주가 아니라고 한다면 70년 동안 우승을 하지 못한 것은, 심지어 우승 직전까지 가서 번번이 우승이 좌절된 것은 저주에 의한 것이 아니라면 쉽게 설명할 수 있는 것이 아니다. 또한, 실제로도 여러 문화권에서 실제 「주술」에 의한 죽음들이 보고되기도 한다.

흔히 징크스(Jinx)를 이야기하곤 한다. 간단하게는 시험 보기 전에는 꼭 머리를 감지 말아야 한다거나 아침에 고양이를 보면 운이 없다거나 하는 것들이 있다. 분명히 이런 징크스가 생겼을 때에는 그렇다고 여길만한 연결성이 있었다. 하지만 이것을 반복하여 행하면서 점점 더 이러한 연결성을 강화시켰다고 본다면 징크스의 진위 여부에는 의심이 든다.

그렇다고 저주가 완전히 작동하지 않는다고 볼 수는 없다. 단지, 저주가 주술적으로 작동한 것이 아니라 저주가 사람들의 행동과 인식을 제약한다고 보아야 한다. 서양에서 검은 고양이는 불길하다는 미신이 있다. 만약 중요한 미팅이나 면접을 보러 가는 길에 검은 고양이를 본다면 어떨까? 아무리 그것이 미신이라는 것을 알고 있어도 불길한 느낌은 떨어지지 않는다. 이것이 저주가 가지고 있는 심리적 영향력이다.

그러면 다시 컵스의 저주로 돌아가 보자. 분명 처음에는 사람들이 그 저주를 헛소리로 치부하며 아무도 큰 의미를 두지 않았을 것이다. 하지만 계속해서 우승이 좌절되면서 사람들이 그 이유를 찾으려고 하던 와중에 저주의 이야기가 소문으로 돌았을 것이다. 그리고 그 소문이 팬들 사이에서 퍼지면서 점차 사실로 여겨지기 시작하면 점점 저주의 힘이 강력해지게 된다.

이렇게 별것 아닌 것이 여러 우연을 만나게 되면서 강력한 저주가 된 것이다. 심지어 2003년의 컵스 경기가 마치 기름에 불을 부은 것과 같은 효과를 일으켰다. 월드시리즈 진출을 앞둔 경기에서 파울볼을 잡지 못하고 관객석에 있던 팬이 공을 잡아버린 것이다! 분명 우승을 눈앞에 두고 있었지만 이런 일이 생기면 선수들은 어떻게 생각할까? '또 저주가 작동했구나!'라고 생각하며 의욕을 잃을 것이다. 결과적으로 컵스는 경기에서 지고 월드시리즈에 진출하지 못했다. 저주가 현실이 되어 그들을 휘감았기 때문이다.

이러한 심리적 효과를 「고정관념 위협(Stereotype Threat)」이라고 한다. 스스로가 가지고 있는 고정관념으로 인해 행위의 결과에 영향을 주는 효과를 말한다. 예를 들면 남성과 여성에게 예술적인 감각을 테스트한다고 설명한 뒤 테스트를 실시하면, 설명하지 않았을 때 보다 남성의 결과가 더 낮게 나타난다. 이는 남성이 가지고 있는 「예술성」에 대한 고정관념이 작동하여 스스로의 행위능력을 제약했기 때문이다.

그렇기에 저주 해소의 의식은 매우 중요하다. 저주가 작동하고 있기 때문이 아니라 저주에 걸려있다는 생각이 행위능력을 제약하기 때문에 그 제약을 해소하기 위해 필요한 것이다. 그러므로 동일한 형태는 동일한 능력을 가지고 있다는 유사성의 원리에 의해 저주 해소의 의식을 행하는 것으로 제약을 풀어내고 본래의 능력을 사용할 수 있게 된다.

금기의 이유

흔히 말하는 「금기」 역시 이와 같은 이유로 사회적으로 만들어 둔 것이다. 금기는 사회적으로 보다 능동적으로 각 개인을 제약한다. 금기는 엄밀한 의미로 주술은 아니지만 주술과 마찬가지로 개념적인 존재가 현실의 개인들의 행위를 제약한다는 것에서는 마찬가지의 기능을 한다.

예를 들어 숫자 「4」를 예로 들어보자. 한자의 죽음을 의미하는 「사(死)」와 발음이 같을 뿐이지만 사회적으로는 동일하게 불길한 숫자로 인식한다. 그래서 많은 건물들 중에는 4층이 없거나 F로 표시된 경우가 많이 있다. 또한, 닭 날개를 먹으면 바람을 피운다거나, 연인에게 신발을 선물하면 도망간다거나 하는 금기와 미신들이 수많은 행위들을 제약한다. 이러한 금기들은 대부분이 유감주술적인 사고를 통해 만들어진 것들이다.

이 금기는 단순히 행위를 넘어 우리의 체감적 느낌까지 지배하기도 한다. 많은 사람들이 공동묘지에 가면 으스스한 느낌을 느낀다. 하지만 실제 공동묘지와 그 외 지역의 온도는 차이가 나지 않을 것이다. 하지만 공동묘지에 가면 공동묘지라는 공간이 가지고 있는 의미성이 우리의 온도에 대한 감각까지 조종하는 것이다.

어째서 우리의 생체 활동까지 조종할 수 있는 금기들이 생겨난 것일까? 앞에서 저주와 금기는 사람의 행동을 제약한다고 설명한 바 있다.

물론, 그중에서는 자연발생적으로 생겨난 금기도 있겠지만 특정한 목적을 위해 생긴 금기들도 있다. 예를 들면 '아이가 태어난 후 3일 안에 못질을 하면 아이의 눈이 먼다.'라는 금기가 있다. 물론 실제로 못질을 한다고 해서 아이의 눈에 해가 가는 것은 아니다. 하지만 갓 태어난 아기의 청력은 매우 섬세해서 클래식 음악도 소음으로 들린다고 한다. 만약 이렇게 섬세한 청력을 가진 아이가 있는 집에서 못질을 하면서 생기는 큰 소음은 아기에게 매우 큰 스트레스로 작용할 것이다. 그러므로 못질과 같은 큰 소리를 일으키지 않기 위해서 이와 같은 금기가 형성되었다고 볼 수 있다.

'밤에 손톱이나 발톱을 깎으면 쥐가 먹고 내 분신이 된다.'라는 금기 역시 마찬가지이다. 과거에는 밤에 손톱을 깎으면 튄 손톱 조각을 찾을 수 없고, 이것이 바닥에서 발을 찌르거나 할 수 있다. 그렇기 때문에 밤에 손톱, 발톱을 깎게 하지 않기 위해서 이러한 금기가 형성되어 있다고 볼 수 있다.

여기까지 두 가지 주술적 사고 중 한 가지인 유감주술에 대해 알아보았다. 유감주술이란 비슷한 형태는 비슷한 기능을 한다는 사고에서 발전하여 주술적인 사고로 이행한 것이며 이 비슷한 형태란 모습뿐만이 아니라 색, 소리, 느낌 등을 포함한 것을 말한다. 실제로 매우 많은 주술들이 이러한 유감주술적 개념에 의해 만들어졌으며 이것이 매우 강력하게 사람들의 행동을 제약한다. 그렇게 해서 만들어진 것이 금기이며 이는 저주와 마찬가지로 사람들의 행동을 움직이는 강력한 원동력이 된다.

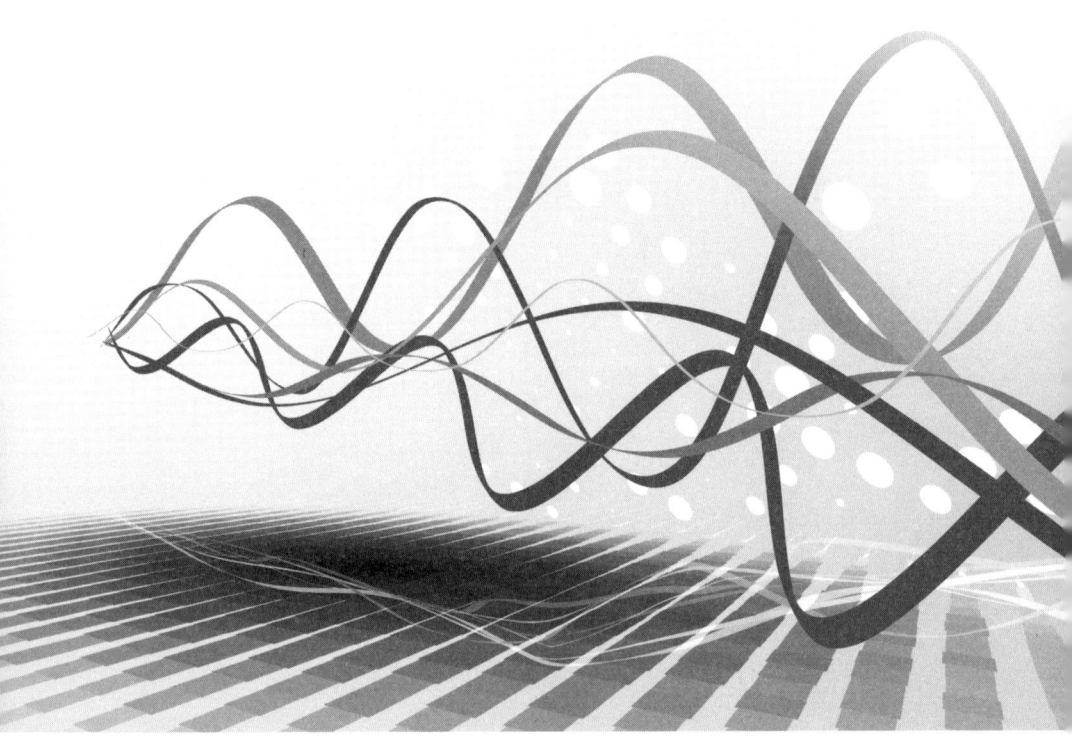

7. 어째서 부처님 코를 만지는가?

접촉주술

| 돌부처에 코가 없는 이유는?

우리나라의 전국 유명 사찰을 가보면 특이한 점이 한 가지 있다. 그것은 돌부처의 코가 전부 닳아있다는 것이다. 우리나라에는 예로부터 돌부처의 코를 달여먹으면 혹은 돌부처의 코를 만지면 아들을 낳는다는 주술적 미신이 있었다. 이러한 이유에서 우리나라의 돌부처는 코가 닳아 없어진 것이다.

이런 식으로 무언가를 만진다거나 넣어둔 물을 마신다거나 하는 식의 주술적 신앙은 여기저기 퍼져 있다. 이러한 형태의 주술은 전 세계에서 쉽게 발견된다. 또한 단순히 주술이 아니라 무의식적인 행동에도 이러한 행동들은 많이 나타난다.

접촉주술이란 접촉한 대상의 속성이 전염된다는 의미에서 전염주술

혹은 감염주술(Contagious Magic)이라고 하기도 한다. 이는 대상과 접촉하는 것을 통해 대상이 가지고 있는 특정한 개성이나 가치, 능력이 접촉자에게 영향을 주는 무의식적 사고 작용이다. 이러한 사고 작용은 단순한 주술뿐만이 아니라 우리의 행동과 행위에도 여러 가지 방면에서 작용한다.

우리는 싫어하는 사람 혹은 물건과 닿으면 마치 상대방에게서 무언가 묻은 것처럼 행동한다. 그래서 무언가를 털어내는 듯한 행동을 하거나 물로 씻어내곤 한다. 하지만 실제로 상대방에게서 묻은 것은 없다. 여기에서 접촉주술적 사고가 작동하여 보이지 않는 무언가가 상대방에게서 옮겨왔다고 느끼게 만드는 것이다.

반대로 그 속성을 가지고 있는 대상이 있다면 만져서 그 대상에게서 능력이나 속성을 옮겨오고자 한다. 유명인이 사용했던 물건을 만지는 것으로 벅찬 감동을 느낀다거나 그 속성이 내 것이 된 것처럼 느낀다. 앞에서 말한 돌부처 역시 마찬가지로, 돌부처의 경우 뒤에서 보면 남근과 같은 형상으로 생겼으며, 코와 남근은 서로 닮아있다는 유감주술적 사고가 더해지면서 남근을 만지고 남근의 일부를 먹는 것으로 아들을 낳게 된다는 접촉주술적 사고가 일어나게 된다.

접촉 주술이란 「연결」의 주술이다. 닿은 것과 물리적으로는 끊어졌지만 비물리적으로 연결되었다고 느끼도록 하는 것이 접촉주술인 것이다. 그러므로 부정적인 대상과 스쳐 지나가도 실제 묻은 것이 없음에도 연결되어 있다는 느낌이 들기 때문에 털어내는 등의 행위를 하는 것이고, 유명 연예인과 손을 잡는 것 자체로도 그 연예인과 연결되어 있다는 느낌을 가지게 되므로 기를 쓰고 연예인과 접촉을 하려 하는 것이다.

잘라낸 손톱이나 머리카락을 이용한 주술도 접촉주술의 연결성을 이용한 것이다. 분명히 잘라낸 머리카락에는 그 당사자와의 연결은 존재하지 않는다. 하지만 주술적인 사고방식에서는 아직도 그 머리카락에는 당사자와의 연결이 존재한다. 그러므로 머리카락을 이용하여 머리카락에 주술을 행하면 이 연결을 통해 당사자에게도 주술의 영향이 가는 것으로 여겨지는 것이다.

평범한 물건이 어떻게 주술적 물건이 되는가?

그렇다면 무엇이 돌부처와 같이 주술적인 힘을 가진 물건을 만들어 내는가? 그것은 그 물건이 가진 가치가 얼마나 오래되었는지를 판단하는 역사성과 얼마나 그 가치가 순수한가를 판단하는 가치성이 그 척도가 된다. 즉, 역사성과 가치성이 높으면 높을수록 평범한 물건이라 할지라도 강력한 주술적 관념을 가진 물품이 된다.

미국의 만화 「피너츠(Peanuts)」에서 유래한 라이너스의 담요(Linus Blanket)가 바로 이 역사성을 보여주는 대표적인 예이다. 피너츠의 등장인물인 라이너스는 항상 담요를 지니고 다니는데 이 담요가 없으면 정신적 불안 상태에 빠지게 된다. 즉, 이 담요가 라이너스에게는 안심할 수 있는 주술적 도구가 되는 것이다. 어렸을 때 누구나 자신이 좋아하고 늘 가지고 다니던 이불, 인형 등이 있었으며 그것이 없었을 때 불안을 느껴본 적이 있을 것이다.

만약 누군가가 이 담요를 완전히 똑같이 복제해 준다면 어떨까? 많은 경우 그래도 기존의 담요를 선택할 것이다. 왜냐하면, 거기에는 물리적으로 복제할 수 없는 비물질적인 가치가 담겨있다고 여기기 때문이다. 여기에서 그 가치가 바로 「역사성」이다. 어릴 때부터 잠들 때마다 덮고 잤다는 역사성이 바로 복제할 수 없는 가치가 되는 것이다.

오래된 물건에 가치를 매기는 것이 이와 같다. 물론 그 자체의 예술성이나 역사적 가치도 있지만 우리가 오래된 물건은 그저 오래되었기 때문에 귀중하게 여기는 경우도 있다. 어떤 TV 프로그램에서 가보로 내려오던 오래된 문서를 확인했더니 노비문서였다는 해프닝이 이를 증명한다. 이는 인류가 가지고 있는 근본적인 가치 중 한 가지가 「장수(長壽)」이기 때문이다. 오래 살아있는 개체는 그 자체로 다른 개체에 비해 우월한 무언가를 가지고 있다고 여기는 것이며 그것이 역사성으로 드러나는 것이다. 어른의 지혜 혹은 성현의 지혜 등이 현대 생활에서도 큰 가치를 가지고 있다는 미신 역시도 이와 같다. 물질적인 것은 아니지만 오랫동안 내려오는 격언의 경우 오랫동안 유지되었다는 가치 그 자체가 존중받는 것이다.

가치성이란 가치의 순수성을 말한다. 예를 들면, 일반인이 사용한 펜은 그 가치성이 낮다. 하지만 유명한 작가 무라카미 하루키가 사용했던 펜은 그 가치가 높다. 왜냐하면, 하루키가 사용한 펜에 그의 문학적 가치가 연결되었다고 느끼기 때문이다.

가치의 순수성이란 전해 받고자 하는 가치의 밀도를 말한다. 만약 신춘문예에 당선되고자 한다면 신춘문예에 두 번 선정된 사람의 펜과 한 번 선정된 사람의 펜은 그 가치의 밀도가 다르다. 당연히 누구나 두 번 선정된 사람의 펜을 가지고 글을 쓰고자 할 것이다. 또한, 목적하는 가치를 끌어내리는 가치가 섞이지 않아야 한다. 즉, 동일하게 신춘문예에 당선된 사람의 펜이라 해도 단번에 당선된 사람과 10번 실패를 체험한 뒤에 당선된 사람의 펜이라면 대부분 단번에 당선된 사람의 펜을 선택할 것이다. 왜냐하면, 실패가 당선의 가치성을 흐리게 만들기 때문이다.

이렇게 역사성과 가치성을 가지고 있다면 사람들은 그에 접촉하여 그 가치를 전해 받으려 한다. 소위 '기(氣) 받는다'라는 것이 이러한 배경에서 일어나는 행동이다. 최대한 유명인이나 성공한 사람 주변에 있으려는 것, 스스로 생각할 때 부정한 집단에서 멀어지려는 것 모두가 이러한 접촉주술적 사고에 따른 행동들에 해당한다.

재미있는 것은 이러한 접촉주술적 사고가 주술 대상에서 나에게 오는 일방향이 아니라 내가 접촉 대상에게도 영향을 준다는 것이다.

오래된 인형을 버리지 못하는 이유

라이너스의 담요에서도 이야기했지만 우리는 어렸을 때 몸에서 떨어뜨릴 수 없는 물건이 있었다. 아니면 일기장과 같이 오랜 시간 동안 항상 지니고 있으면서 버리지 않는 물건들이 있다. 분명 이 물건들은 오래되거나 더 이상 사용하지 않으면 버리는 것이 여러 가지 이유에서 합리적이라는 사실은 알고 있다. 하지만 알 수 없는 마음속 무언가가 그것을 버리지 못하게 한다.

왜냐하면 그 물건에는 역사성이 깃들었기 때문이다. 오랜 시간 접촉하면서 사물과 주술적인 연결성이 생겼고 그것이 오래되면서 주술적 역사성이 발생한 것이다. 그렇기 때문에 어릴 때 가지고 놀던 인형을 버리면 저주를 받는다거나 하는 괴담이 돌기도 하고 무언가 적절한 의식이 없이는 그 사물을 버릴 수 없기도 하다. 역사성에 의해 주술적인 물건이 되었기 때문이다.

그렇기 때문에 힘이 들거나 버틸 수 없는 일을 겪게 되면 자연스레 과거의 역사성을 지닌 주술적 물건을 찾는다. 그리고 그 물건과 접촉하는 것을 통해 그 힘을 다시 되돌려받고 위로를 얻곤 하는 것이다.

오래 사용한 물건은 그 자체가 이미 오랜 접촉을 통해서 강력한 연결이 형성되어 있다. 그러므로 만약 이 연결을 끊어내지 않고 이 물건을 버린다면 마치 분신이 사라진 것과 같은 상실감을 느끼게 된다.

이러한 경향은 이미 죽은 사람의 유품에 대한 태도에서도 매우 강하게 나타난다. 돌아가신 아버지의 유품을 가지고 있는 것만으로 아버지와의 연결이 계속 유지되고 있다고 느낀다. 뿐만 아니라 아버지의 조언을 듣고 싶을 때에는 유품에게 이야기를 하거나 아버지를 만나고 싶을 때에 그 유품을 손에 쥐고 연결을 느끼는 등의 행위가 접촉주술적 사고가 영적 존재에 대한 믿음과 연결되었을 때 일어나는 행동이다.

정신적 전염

  이러한 접촉주술적 태도는 상당히 재미있는 특성을 가지고 있다. 그것은 「정신적 전염」 현상이다. 사람들은 접촉한 대상에게서 일종의 전염 현상을 당한다고 느낀다. 그러므로 대상에 대한 태도가 전염 현상에 대한 태도를 결정한다.
  만약 내가 좋아하는 사람이 쓰던 물건과 접촉했을 때에는 전염 현상을 느낄 때 긍정적인 느낌이 들게 된다. 반대로 싫어하는 사람이 쓰던 물건과 접촉했을 때에는 부정적인 느낌이 들게 된다. 특히 부정적인 느낌 중에는 혐오감이나 더러운 것을 대할 때 느끼는 느낌이 많았다. 이는 그 물건의 물리적 청결과는 무관하게 심리적인 청결감에 있어서 부정적인 느낌을 느꼈기 때문이다.
  접촉주술에 의한 정신적 전염은 생물학적 오염과 유사하게 여긴다는 연구결과도 있다. 이 연구에서는 실험 참가자들에게 결핵 환자, 자동차 사고로 한쪽 다리를 잃은 사람, 살인범이 입었던 스웨터를 입는 것에 대한 반응을 살폈다. 물론 이 스웨터는 물리적으로 깨끗하게 빨아놓은 상태이다. 그 결과 대부분의 실험 참가자들이 이 세 가지 모두 그다지 좋은 기분을 느낄 수 없다고 대답했다. 이는 물리적인 요인 이외의 다른 요인이 대상과의 접촉에 대한 태도를 결정한다는 근거가 된다.

이 연구에서는 결핵 환자는 물리적 질병, 사고로 다리를 잃은 사람은 운명적 질병, 살인범은 도덕적 질병을 가지고 있음을 상정하고 있다. 그러므로 실험 참가자들은 단순히 생물학적인 질병뿐만 아니라 비물질적인 관념적 질병조차도 실제 질병과 동일하게 여긴다는 것을 확인할 수 있다.

이는 접촉주술적 사고가 생물학적인 혐오와 동일한 선상에서 일어나기 때문이다. 혐오란 배설물에서 입을 보호하기 위한 기능으로, 접촉주술에서 접촉 대상에 대한 혐오는 접촉을 통해 혐오할만한 무언가가 넘어오지 않기 위한 반응이다. 그러므로 접촉을 통해 스스로가 오염되지 않기 위해서 항상 접촉주술적 사고를 일으키고 있지 않으면 혐오의 대상에게서 나도 모르는 새 생리적, 운명적, 도덕적, 심리적으로 오염될 수 있다고 여긴다.

이러한 생각은 사실상 채식주의에서도 나타난다. 육식이란 특정한 생물을 먹는 것이며 이는 당연히 접촉주술적 사고에 쉽게 노출된다. 실제로 무엇을 먹는가가 그 먹는 사람의 인성이나 인격에 영향을 준다는 생각을 가지고 있음은 실험으로 밝혀져 있다. 마치 까마귀 고기를 먹으면 기억력이 나빠진다고 여기는 것과 같다. 채식주의란 이렇게 동물의 고기를 먹지 않는 것으로 동물의 특성에 전염되지 않으려는 주술적 사고의 일환이라고 볼 수 있다. 많은 주술 체계에서 특정한 주술적 행위 이전에 육식을 금하는 것 역시 육식을 하는 것을 통해 동물적 특성의 영향을 받지 않으려는 생각임은 굳이 설명하지 않아도 될 것이다.

재미있는 것은 장기이식을 받은 사람들에 있어서도 동일한 주술적 사고가 작동한다는 것이다. 흔히들 심장을 이식받은 후에 성격이 바뀐 사람의 이야기를 들어보았을 것이다. 실제로 많은 장기 이식자들이 이식 후 자신의 성격이나 태도, 취향 등이 바뀌었다고 이야기했으며 신비로운 꿈이나 환상 등을 체험했다고 하는 경우도 많다. 하지만 재미있는 것은 이식 후 변한 특성이 장기를 기증했던 사람이 가지고 있던 특성이 아닌 경우도 종종 있다는 것이다. 이는 실제로 주술적 현상이 일어난 것이 아니라 그저 접촉주술적 사고에 의한 심리적 현상이라고 보는 것에 더욱 무게를 실어준다.

접촉에 의한 영향은 양방향

지금까지는 수동적인 입장에서의 접촉주술을 살펴보았다. 하지만 접촉주술은 양방향으로 일어난다. 이것이 여러 주술이 작동한다고 여기게 되는 근본 사상이다. 한 번 상상해보자. 내가 좋아하는 물건을 책상에 두고 잠시 자리를 떠난 사이 내가 죽을 정도로 싫어하는 사람이 그 물건을 만졌다는 것을 알면 어떤 기분일까? 마치 내 존재가 더럽혀진 것 같은 느낌이 들 것이다. 하지만 생각해 보면 지금까지 오랫동안 내가 사용해 온 것이기 때문에 역사성이나 가치성이 매우 높은 상태이다. 이 상태임에도 불구하고 싫어하는 상대가 만졌다는 것 그 하나만으로 마치 그 역사성과 가치성이 오염된 것과 같은 느낌이 드는 것이다.

이것은 매우 특이한 부분이다. 대부분의 경우는 스스로가 영향을 받는 입장이지 영향을 주는 입장이 아니다. 장기이식을 받은 사람들은 자신에게 기증자의 성격이 전염된다고는 여기면서 자신의 성격이 기증자에게 전염된다고 여기지는 않는다. 내가 만지면 별것 아닌 것이 싫어하는 사람이 만지는 순간 오물과도 같이 느껴진다. 이처럼 많은 경우 내가 무언가에 영향을 주려면 오랜 역사성이나 강력한 가치성이 있어야만 한다. 하지만 어째서 타인이 접촉했을 때에는 이렇게나 쉽게 그 영향이 전염되는 것일까?

이것은 주술적 사고가 나와 타인의 경계가 흐릿해지는 상태에서 일어나는 상태이기 때문에 그렇다. 이 상태가 되면 매우 주관적으로 세상을 바라본다. 그러므로 자신에게 일어나는 일은 너무나 일상적인 일이라고 생각해버린다. 직업이 우주비행사라 할지라도 자신의 직업은 평범하다고 여긴다. 왜냐하면, 자기 자신의 삶은 평범하다는 생각이 있기 때문이다.

이러한 생각이 있기 때문에 항상 타인은 자신보다 강하고 우월하게 여긴다. 정확하게는 타인은 자신의 머릿속에 있는 이미지와 관념을 투사하여 그 힘을 가지고 있는 것으로 여긴다. 그러므로 항상 타인의 영향력은 나보다 강하며 나는 그 대상이 될 수밖에 없다.

이 상태에서 영향을 줄 수 있도록 하기 위해서는 다른 맥락의 환경을 설정해야 한다. 이것이 바로 주술적인 환경들이다. 금줄을 매달고, 향을 피우고, 성수를 뿌리는 등의 주술적인 행위를 통해 주술적인 환경을 만들게 되면 나도 타인에게 주술적인 영향력을 줄 수 있다고 여기게 된다. 이 상태에서만 접촉주술에 의해 상대방에게 영향을 준다는 주술적 사고가 발휘된다.

수많은 저주들이 바로 이러한 이유에서 존재한다. 아무리 접촉주술적 관념을 가지고 있다 할지라도 일상적인 맥락에서는 내가 영향을 받았으면 받았지 영향을 줄 수 없다. 그러므로 주술이라고 하는 특수한 상황에서만 영향을 줄 수 있게 된다. 머리카락이나 손톱 등의 신체 일부를 이용하는 주술들에 저주가 많은 이유가 바로 여기에서 유래한다.

왜 달에서 가져온 돌은 비싼가?

마지막으로 접촉주술의 대상에 대해 정리해보자. 1993년에 러시아가 소더비 경매에 내놓은 0.2g짜리 달 분진이 약 5억원에 낙찰되었다. 일반적으로 생각하면 말도 안 되는 가격이다. 하지만 실제로 일어난 일이다. 즉, 누군가는 달의 분진가루에 5억이라는 가치를 매길 정도라는 것이다.

이 접촉이란 우리가 가지고 있는 가치체계에 영향을 받는다. 누군가에게는 달이라고 하는 공간이 인간을 초월한 존재라는 가치를 가지고 있을 수 있다. 그러면 자신도 인간을 초월한 힘을 가지기 위해 달 분진을 5억이라는 큰돈을 주고 살 수 있다. 심지어 유명 연예인이 감기에 걸렸다면 그에게서 감기에 옮기 위한 사람들이 줄을 설 것이다. 왜냐하면, 그가 걸린 감기를 옮는 것만으로도 내가 그 사람의 일부가 된 것 같은 느낌을 받기 때문이다.

그러므로 성지에서 퍼 온 흙은 일부러라도 돈을 주고 사온다. 그것은 접촉을 통해 그 가치를 내재화하고자 하기 때문이다. 실제로 내셔널 지오그래픽 채널에서는 실험을 통해 평범한 돌에「마그마 스톤」이라는 가치를 붙여서 약 2만원의 가격에 사람들에게 팔 수 있었다. 심지어는 그 돌을 쥐는 순간 무언가를 느끼는 경우도 있었다. 이렇게 주관적으로 부여하는 가치를 얻기 위해 아무것도 아닌 돌을 2만원이나 주고 사게 만드는 것이다.

접촉이란 전염과 같은 맥락이라는 것을 파악하는 것이 중요하다. 그러므로 전염되고 싶은가, 전염되고 싶지 않은가가 접촉 주술에서의 핵심이며 이것을 파악한다면 접촉주술적 사고를 유연하게 다룰 수 있게 될 것이다.

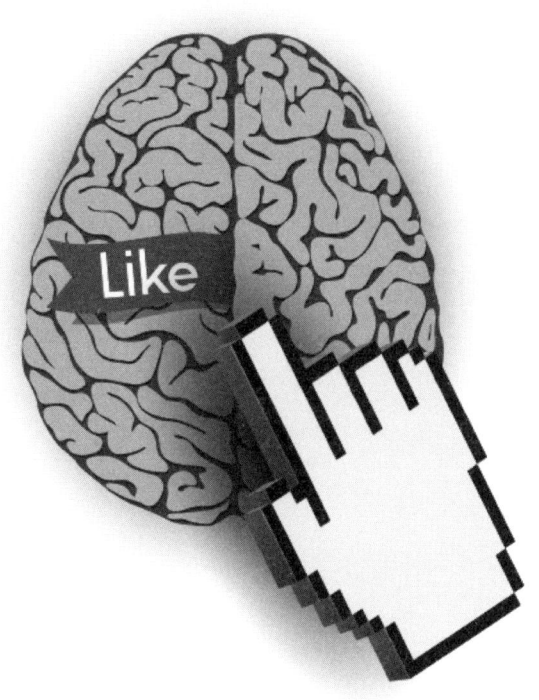

8. 세뇌의 법칙

세뇌로 사용되는 주술적 사고

▍컬트 종교로 향하는 사람들

　컬트 종교란 기본적으로 사람들의 이러한 주술적 사고를 이용하여 사람들을 조종하는 집단이다. 흔히 생각할 때에 이 컬트 종교들이 사람들을 능동적으로 전도해서 사람들을 모은다고 생각한다. 우리가 길거리에서 많이 보는 속칭「도를 아십니까」도 이러한 컬트 종교의 전도 행위 중 한 가지이다.

　하지만 대다수의 컬트는 그 신도들이 스스로 걸어 들어가는 경우가 많다. 이들은 자신의 문제를 스스로 해결하기 위해서 혹은 자기 자신의 발전을 위해서 여러 가지 정보를 찾던 중에 자신도 모르게 컬트에 빠져들게 되는 경우가 많다. 이렇게 되면 자신이 컬트에 속해 있다는 사실을 모른 채 매우 열성적으로 컬트 활동을 하게 된다.

이렇게 스스로가 컬트에 빠져들게 되는 것은 앞에서 설명했던 「실존적 공허」때문이다. 실존적 공허란 이미 물질적으로는 충족되었지만 충족되지 않은 심리적 허전함을 말한다. 친구들과 함께 있어도 외로움을 느끼고, 식사를 해서 배고픔이 충족되었지만 만족되지 않으며 항상 이유 없이 불안한 느낌 등이 이 실존적 공허에 해당한다.

실존적 공허는 우리가 항상 안고 가야만 하는 것이다. 진화의 과정에서 항상 불안해하는 개체가 그렇지 않은 개체에 비해 생존률이 높았으며, 자연스레 불안해하지 않는 개체는 번식에서 도태되었다. 그 결과 현재는 대부분의 사람들이 불안 유전자를 가지고 있다고 볼 수 있다. 하지만 이 불안 유전자는 배고픔이나 추위, 맹수의 위협에 의해 생존 자체가 힘들었던 때의 자취로, 현재는 이 배고픔과 추위, 맹수에 불안해하지 않아도 된다. 하지만 불안 유전자 자체는 남아서 계속 작동하고 있기 때문에 원인을 찾지 못한 채로 불안해하고 공허함을 느끼는 것이다.

이러한 유전적 불안함, 즉 실존적 공허를 해소하기 위한 해결책을 찾는다. 어떤 사람은 이것을 해소하기 위해 영성적인 진리나 참나, 깨달음 등으로 나아가며 어떤 사람은 돈이 많으면 해결될 것이라 여기고 재테크 기법을 찾는다. 하지만 이 실존적 공허는 본질적으로 해결할 수 없는 것임을 모르기 때문에 잠깐 그 수단에 몰두했을 때에만 공허가 채워진 듯한 느낌을 받고 그 이외의 시간들에서는 다시 공허함이 몰려온다. 그럴수록 더더욱 자신이 찾아낸 수단에 몰두하게 된다.

이러한 이유에서 컬트 집단으로 사람들이 스스로 걸어 들어간다는 표현을 한 것이다. 컬트 집단에서는 자신들의 수단이 실존적 공허를 해소할 것처럼 보이기만 하면 된다. 그러면 공허함에 방황하던 사람들이 스스로 걸려들게 된다. 여기에서 이 실존적 공허를 해소하는 수단은 흔히 이야기하는 종교적, 영성적인 주제가 아니어도 된다. 이것이 자기계발이 될 수도 있고, 사회적 모임이 될 수도 있으며, 봉사활동이 될 수도 있고, 재테크나 주식이 될 수도 있다. 그저 이 수단이 실존적 공허, 즉 원인을 알 수 없는 불안을 해소할 수 있다는 뉘앙스를 풍기는 것 만으로 컬트 멤버는 모이게 된다.

▎마음의 빈틈

이 실존적 공허가 자극될 수 있는 요소들이 바로 마음을 조종할 수 있는 빈틈이 된다. 자아의 퇴행은 이 실존적 공허를 통해 일어난다. 그러므로 이 부분을 잘 파악하고 접근할 수 있다면 한 사람의 정신을 주술적 사고로 퇴행시켜 조종할 수 있는 상태가 된다. 다른 사람들을 쉽게 조종하는 사람일수록 이러한 마음의 빈틈을 잘 찾는 경우가 많다.

실존적 공허는 컨트롤 할 수 없는 상황에 대한 무력감과 불안감에서 온다. 이를 자극할 수 있다면 쉽게 실존적 공허를 느끼게 만들 수 있으며 주술적 사고로 이행시키기 쉬워진다. 실제로 일본에서는 영감상법

(靈感商法)이라는 방식으로 평범한 항아리를 수십만원에 구매하도록 하거나 천도제에 수백, 수천만원을 쓰도록 하기도 하였다.

영감상법의 방법은 어렵지 않다. 마치 방문판매원과 같이 집집마다 돌아다니면서 무료로 손금을 봐준다고 한다. 이미 이 단계에서 손금을 봐준다는 것에 넘어가게 되는 것 자체가 스스로 실존적 공허를 체험하고 있음을 보여준다. 무력감과 불안감을 해소하기 위해 주술적 요소인 점술에 의지하기 때문이다.

이렇게 우선 손금을 보면서 이야기를 하는 부분이 앞에서 이야기했던 점술적인 부분이다. 점술을 통해 실존적 공허가 더욱 빠르게 가속되며 주술적 사고로의 고속도로에 들어간다. 여기에서 중요한 것은 손금을 보면서 당신은 이러한 삶을 살고, 앞으로 이렇게 살 것이고... 하는 식의 이야기를 하고 있으면 실존적 공허감이 일정치 이상으로 강해진 사람은 물어보지도 않은 고민이나 과거의 사건 이야기를 하기 시작한다. 이것이 바로 자아가 붕괴되기 시작하는 소리이며 주술적 사고의 입구에 들어간 것이다.

이 시점에서 다른 점술로 바꿔서 이야기를 진행한다. 주제가 바뀌고 상태가 바뀌었기 때문에 이전에 사용했던 점술 도구를 사용하면 다시 그 상태로 돌아갈 가능성이 있다. 그러므로 사주나 성명학, 타로카드 등의 다른 점술도구를 사용해야만 새로운 의식 상태를 안정시킬 수 있다. 이 상태에서는 점 보는 사람이 하는 말들을 모두 왜곡하여 맞는 것으로 받아들인다. 이미 경계성 인격 장애 상태에 들어갔기 때문에 외부에서 하는 이야기들을 모두 자신과 유관한 것으로 인식하는 사고회로가 작동하기 시작했기 때문이다.

　이렇게 점술을 사용하여 주술적 사고로 유도한 뒤에 주술적 사고를 이용하여 물건을 판매한다. 이 항아리는 영험한 선생님이 축복한 항아리이기 때문에 아침마다 이것을 만지면 불운이 사라진다거나, 이 물을 마시면 모든 영혼의 더러움이 씻겨나간다거나 하는 식으로 판매한다. 이미 정신은 주술적 사고에 완전히 들어가 있으며, 스스로가 이러한 주술적 도구가 작동하는 것을 믿는 상태가 되었기 때문에 이 상태에서는 쉽게 지갑을 연다.

주술적 사고와 마음의 구멍

　이렇게 주술적 사고로 유도하는 수많은 요인들이 마음의 구멍을 만들어낸다. 이 마음의 구멍은 한번 뚫리면 다시 메워지지 않는다. 할 수 있는 것은 그저 다른 사람이 이 구멍을 통해 내 정신에 침입해오지 못하도록 항상 지키고 있는 것뿐이다.

　무엇이 이 마음의 구멍을 만들어내는 것일까? 바로 의식의 퇴행을 일으키는 수많은 요소들이 바로 마음의 구멍을 만들어내는 원인이 된다. 유아기에 체험했던 무력감이 떠오르면서 다시 그 무력감을 체험하고 싶지는 않다. 어떤 요소가 퇴행을 일으키는가에 대해서는 사람마다 다르지만, 퇴행을 했을 때에는 당시 무력감을 체험했던 소재와 유사한 소재가 퇴행을 일으키는 소재가 되는 경우가 많다. 예를 들어, 자동차 사고를 당했던 사람은 자동차에 의한 무력감에 의해 자동차를 보면 퇴행을 일으킨다. 이런 사람에게는 자동차를 소재로 삼아 이야기하면 쉽게 퇴행하여 주술적 사고로 넘어가게 된다.

이 소재는 사람들에 따라 다 다르지만 공통적으로 세 가지 소재는 쉽게 사람들을 퇴행으로 유도시킨다. 프로이트 심리학에서 말하는 구강기, 항문기, 남근기의 체험이 바로 그 소재가 된다. 구강기는 젖을 물 때의 쾌감으로 어머니가 세상의 전부인 시기이며, 물고 빨고 먹어 치우는 본능과 관련되어 있다. 항문기는 용변을 가리는 시기로, 어머니가 야단치는 것을 체험하면서 어머니에게 반항하고 공격성을 발휘하기 때문에 공격 본능과 관련된다. 남근기는 남근이 있는 사람과 없는 사람으로 자신과 세상 사람들을 구분하며, 오이디푸스 콤플렉스와 관련이 있다.

구강기는 입이 중심 소재가 되기 때문에 입으로 하는 수많은 행동들이 퇴행을 일으킨다. 폭식은 물론이고 입으로 하는 뒷담화 등을 하면 퇴행이 일어난 것이다. 구강기로 퇴행하게 되면 지금 당장 결과가 나와야 한다는 식으로 초 단기적 시각으로 세상을 바라보게 된다. 이는 구강기의 체험인 젖을 빨았을 때 젖이 바로 나오는 체험에 의한 것이다. 만약 '지금 당장 이것을 하지 않으면 당신의 인생은 지옥이 됩니다!'라는 선전 문구가 통하는 이유가 바로 이 구강기의 퇴행을 자극하기 때문이다. 많은 부모들이 자녀가 지금 학원을 다니지 않으면 아이의 미래는 잿빛이 된다고 여기는 것도 구강기 퇴행의 현상이다. 그러므로 이렇게 퇴행하면 한 번의 실수로 모든 것이 망가질 것이라는 망상을 하며 그러한 불안에 휩싸여 있다.

  항문기는 항문을 중심 소재로 하며 혐오스러운 것들이 퇴행을 일으키는 소재가 된다. 배설은 긴장에서 이완으로 나아가며 쾌락을 체험시켜준다. 하지만 항문기에서는 이 배설을 통제하는 법을 익히게 되고 배설하게 되면 부모에게서 처벌을 받는다. 즉, 좋아해야 할 배설이 고통을 주게 되는 것이다. 이를 통해 배설물을 보면 혐오라는 감정을 느끼게 만든다. 그러므로 혐오에는 근본적으로 쾌락이 자리 잡고 있다. 항문기로 퇴행하게 되면 이러한 혐오스럽거나 고통스러운 것을 즐기게 된다. 그렇기 때문에 고통스러운 운동을 하면서 그것을 즐거움으로 느끼고 좋아하는 사람을 괴롭히면서 즐기게 된다. 또한, 자신의 부끄러운 실수 이야기 등을 농담으로 하면서 즐기게 된다. 이렇게 되면 이것이 항문기로 퇴행한 것이다. 이 단계에서는 매우 강력하게 접촉주술적 사고가 일어나게 되며 접촉주술적 행위들이 매우 강력한 영향을 일으킨다.

  남근기는 실제적인 생리적 남근을 이야기하는 것이 아니라 상징적, 초월적 남근을 의미한다. 이 초월적 남근이란 권위, 매력, 힘 등의 의미를 가지는 것으로 남근을 가지고 있는 사람과 그렇지 않은 사람으로 외부의 대상들을 나누게 된다. 이때 오이디푸스 콤플렉스가 일어나게 되며 남근을 가지고 있는 아버지와 남근을 가지고 있지 않은 어머니와의 관계를 맺게 된다. 이 남근이란 상징적인 것이기 때문에 남성은 자신이 남근을 가지고 있음을 보이기 위해서 자신이 가진 힘, 권위, 능력 등을 보이려 한다. 남성들이 공구나 도구에 집착하거나 별것 아닌 자격증을 따고서 으스대는 것이 바로 이 남근기로 퇴행한 현상이다. 여성의 경우에는 태생적으로 남근을 가지고 있지 않기 때문에 타인이 이것을 알지 못하게 하려는 것이 중요시된다. 그러므로 집단에서 따돌림을 당한다거나 집단에서 튀게 보이는 것에 공포감이 생기며 자신의 남근 없음, 즉 능력 없음이나 실수를 지적받는 것에 대한 두려움이 매우 깊게 있다. 그러므로 남성은 남근을 가지고 있음을 확인하려 하고, 여성은 남근 없음을 들키려 하지 않는 동시에 남근을 가지려 한다. 그렇기 때문에 이 상징적 남근에 대한 유감주술적 사고가 매우 강력하게 작동하는 퇴행 상태이기도 하다.

　이렇게 사람들의 마음은 아무리 막아도 막을 수 없는 구멍들이 존재하고 있으며 이 구멍들의 존재를 통해 사람들의 정신에 개입하고 조종하는 사람들이 존재하고 있다.

어떻게 조종당하는가?

　이렇게 퇴행 당해 조종당하는 사람들은 그러면 어떠한 방식으로 조종을 당하는 걸까? 교주의 지령을 받고 행하는 것일까? 아니면 누군가 그들에게 교리를 강요하는 것일까? 그들은 어떻게 자신들의 사상과 행동을 선택하는 것일까?

실제로 종교적 혹은 사상적 이유로 테러를 자행하는 사람들을 보면 그들의 삶은 매우 평범하다. 심지어는 가정을 가지고 배우자와 자녀를 가지고 있는 경우도 많으며 매우 높은 학력의 소유자인 경우도 많다. 심지어는 중년의 여성인 경우도 있다. 흔히 생각하는 테러리스트가 젊은 독신 남성일 것이라고 생각하는 추측에 비하면 놀라운 사실이다.

이들의 행동은 이들이 컬트 집단에 들어갈 때 이미 조종당하게 되어 있다. 앞에서 실존적 공허에 의해 이를 채우기 위한 방안을 찾는다고 설명한 바 있다. 이때 그들이 선택한 방안이 바로 그들을 조종하는 열쇠가 된다. 만약 돈을 많이 벌어야 한다는 이데올로기를 가진 재테크 집단이라면 「돈을 많이 번다」라는 목적을 위해서 뭐든지 하게 된다. 왜냐하면 이것이 그들의 실존적 공허를 해결할 것이라고 여기는 「보편 무의식」이기 때문이다.

컬트 멤버를 조종하는 것은 컬트 리더의 가르침도 아니고, 교전에 쓰여진 교리도 아니다. 그들을 움직이는 것은 컬트의 배경에 위치한 「보편적 무의식의 원형」이다. 이 원형을 인지하고 다룰 수 있는 컬트 리더는 컬트 멤버 그 누구라도 어떤 일을 시킬 수 있게 만들 수 있다. 왜냐하면, 이 보편 무의식의 원형을 사용하는 한 컬트 멤버는 자신의 행동이 숭고한 대의를 위해서 행하는 것이라고 여기기 때문이다.

그러므로 이 대의와 이데올로기를 위해 행동하는 이상 그 사람의 나이, 성별, 주변 환경 등은 그를 막을 수 있는 여지가 되지 못한다. 오히려 주변 사람들이 더 나은 생활을 하게 만들기 위한 선한 마음으로 이데올로기에 투신하고, 자신의 아내와 아이들이 복을 받기를 원하는 마음에서 자살 폭탄 테러를 감행한다.

자아가 무너진 사람이 컬트에 몸을 담게 되면 보편 무의식의 원형인 사상과 이데올로기가 그의 마음을 잠식한다. 그리고 그의 몸을 숙주로 삼아 자신의 이데올로기와 사상을 위해 마치 로봇과 같이 행동하도록 조종한다. 그러므로 사람을 조종하는 것은 심리 조작의 기법이라기보다는 사람이 가지고 있는 선한 의도와 많은 사람들을 위한 헌신의 태도가 오히려 객관적이고 냉정한 시선을 가로막게 된다.

9. 마음을 조작하는 비밀
누가, 어떻게 사람을 조종하는가?

어떻게 저 사람이 컬트 교주가 될 수 있지?

이제는 조종당하는 사람이 아니라 조종하는 사람을 살펴보자. 조종자 혹은 컬트 리더라고 한다면 어떤 사람을 생각할 수 있을까? 약삭빠르거나 비열한 이미지를 가지고 있을 수도 있고, 안광이 강력하다거나 계산과 머리 회전이 빠른 듯한 이미지로 가지고 있을 수도 있다. 여러 가지 이미지가 있을 수 있지만 그중에 컬트 리더 혹은 심리 조종자가 약해 보이는 사람이라고 생각하는 경우는 거의 없다.

하지만 실제 많은 컬트 리더들은 신체적으로 약하거나 장애가 있는 경우도 있었다. 대표적으로 일본의 옴진리교의 교주였던 아사하라 쇼코의 경우 한쪽 눈이 보이지 않는 장애를 가지고 있었다. 다른 컬트 리더들도 지적이라거나 건강해보이지 않고 오히려 어딘가 약해 보이거나 하는 부분이 있다.

　이들은 강력한 카리스마로 사람들을 조종하지 않는다. 오히려 부드러움과 포근함으로 사람들을 대하며 심지어는 미덥지 않아 보이는 경우도 있다. 하지만 이런 사람들이 사람들의 심리를 교묘하게 조종하여 자신이 원하는 결과를 내도록 하는 경우가 많다.

갑(甲)을 휘두르는 을(乙)의 전략

　가끔 사람들 사이에서는 누가 봐도 사회적으로 성공한 사람이 평범한 사람에게 쩔쩔매는 것을 보는 경우가 있다. 그렇다고 약점이 잡혔다거나 한 것도 아닌데 유독 그 사람에게만 자신의 힘을 사용할 수 없는 경우가 있다. 그리고 이런 경우에는 그 사람이 다른 사람들에게도 알게 모르게 심리적 영향력을 행사하고 있는 경우가 많다.

　이것은 사람들이 가지고 있는 심리적인 틈새를 이용하여 사회적 권력을 탈취하는 전략을 사용한 것이다. 사이코패스 혹은 소시오패스들이 이를 능란하게 사용하는 경우가 많으며 사람들이 가지고 있는 생각과 관점을 역으로 이용하는 전략을 사용하여 자신이 원하는 목적을 이루는 경우가 많다.

　그 전략의 대표적인 예가 현재 개신교에서 이단으로 분류되고 있는 한 종교이다. 이 종교는 기존에 존재하고 있는 교회에 일반 신도로 잠

입한다. 그리고는 그 교회 내의 여러 모임에 참여하면서 사람들과 인간관계를 맺고는 쉽게 자신의 말을 믿을 것 같은 사람을 골라 지금 다른 곳에서 따로 하는 성경 공부 모임이 있다고 하면서 그 모임에 함께 참석하기를 권유한다. 이 공부 모임은 이미 이단으로 분류된 그 종교의 모임이며 여기에서는 해당 종교의 교리를 공부하고 배우게 된다. 그리고 그 모임에 계속 나가게 되면 자신도 모르게 해당 종교의 교리에 세뇌되는 것이다.

간단히 생각하면 최초에 권유를 받았을 때 권유를 거절한다거나 공부 모임의 분위기가 이상하다고 생각하면 모임을 그만 나가면 될 것이라고 생각한다. 하지만 이것이 내 주변 사람의 부탁이라고 하면 어려워진다. 특히 우리나라는 지인의 권유나 부탁을 매몰차게 거절하는 것이 실례라고 생각하는 문화가 있다. 이를 이용하게 되면 조금 친해진 뒤에 가벼운 부탁이나 간단한 부탁을 하는 것으로 목적을 이루는 첫걸음을 떼게 할 수 있다. 그만두는 것 역시 마찬가지로 공부 모임을 그만둔다 할지라도 교회에서는 계속 보게 되므로 관계가 껄끄러워지는 것이 부담스럽기 때문에 공부 모임을 계속해서 나가는 경우가 많다. 이렇게 단순히 관계 유지만을 위해서 참으로 많은 것을 참고 해 주는 경우가 많다.

실제로 FBI에서 연쇄살인범을 심문할 때에는 살인범이 부탁하는 아주 사소한 것이라도 들어주지 않도록 교육받는다. 왜냐하면 이 사소한 부탁에서 관계가 형성되기 시작하며, 관계가 형성되면 이 관계를 이용하여 심문관을 조종할 수 있게 되기 때문이다.

전이와 역전이 전략

이렇게 사람들이 가지고 있는 마음의 틈새를 이용하는 전략 중 한 가지가 「전이와 역전이」를 이용하는 전략이다. 이 전이와 역전이 전략은 매우 강력하게 사람들의 마음을 조종할 수 있는 도구가 되며, 제대로 사용한다면 상대방의 사회적 지위나 성공과는 무관하게 사람의 마음에 손을 뻗을 수 있게 된다.

전이와 역전이는 정신분석상담에서 사용하는 용어이다. 전이(Transference)란 내담자가 체험했던 애정이나 증오 등의 감정을 치료자에게 향하는 것을 말한다. 예를 들면, 아버지에게 학대받으면서 억눌렀던 분노가 치료자에게 향하거나 하는 현상이 이에 속한다. 즉, 전이란 자신의 내면에 있었던 이미지와 그 이미지에 연합된 감정이나 태도가 외부의 이미지와 합치되는 대상을 발견했을 때 그 대상에게 향하는 것이라고 볼 수 있다.

역전이(Counter-Transference)란 전이의 반대 형태를 말한다. 일반적으로 말할 때의 역전이는 치료자가 내담자에게 향하는 전이를 말한다. 예를 들면, 치료자가 어렸을 때 어머니와의 문제를 겪었다면 이 어머니와의 문제와 연합된 감정을 내담자 중 어머니를 떠올리게 하는 내담자에게 투영하는 것이다.

　이 전이와 역전이는 매우 중요하고 강력하게 작동한다. 실제로 많은 치료자들이 전이와 역전이로 인해 본인들도 이해하지 못하는 행동들을 하며, 몇몇은 본인의 가정이 있음에도 불구하고 불륜 관계로 나아가는 등 매우 강력하게 행동과 심리를 움직이게 된다. 그러므로 전이와 역전이를 정확하게 이해하고 이를 제대로 사용한다면 어렵지 않게 타인의 심리를 움직일 수 있다.

　이 전략에서 중요한 것은 역전이에 대한 정확한 이해이다. 보통은 역전이를 그저 일반적 전이의 역방향으로 이해하는 전이라고 생각한다. 하지만 실제 역전이란 그렇게 간단하게 일어나지 않는다. 역전이란 항상 전이가 선행되어야만 발생하며 전이 없는 역전이는 일어나지 않는다.

　간단하게 전이를 설명하자면 A가 B를 바라보는 방법을 말한다. 만약 A라는 사람이 B를 선생님이라고 바라본다면 A는 B에게 선생님과 관련된 감정이나 태도를 전이할 것이다. 이것은 일방향적이며 그 누구의 허락을 받지 않고도 가능하다. 그러므로 항상 전이를 일으키는 쪽이 전이와 역전이 전략의 우선권을 가지고 있게 된다.

　이렇게 전이를 당한 대상이 일으키는 것이 역전이가 된다. 그러므로 역전이는 항상 반응할 뿐이며 스스로 능동적으로 일으키지 못한다. 만약 A가 B에게 선생님을 전이시켰다면 B는 A에게 선생님으로서의 자신을 역전이시킨다. 왜냐하면 B가 A에게 일으킬 수 있는 전이의 선택지는 모두 사라지고 자신이 받은 A의 전이에 대해 반응만 할 수 있기 때문이다.

그러므로 역전이란 전이를 통해 일어난 역할연기를 수행하는 것이다. 만약 선생님이라는 전이를 당했다면 선생님이라는 역할로 전이자를 대하게 된다. 아버지의 전이를 당했다면 아버지를 역전이하여 전이자에게 아버지로 대하게 된다. 즉, 어떠한 식으로건 상대의 전이를 받아들인다면 상대와의 관계는 그 전이에서의 역할로 굳어지게 된다. 만약 이것이 한쪽이 일방적으로 받는 관계라고 한다면 그대로 관계가 만들어지는 것이다.

실제로 어렸을 때 아버지에게 매우 심한 학대를 받은 경우, 자신의 내면에 이상적인 아버지의 모습을 그려내는 경우가 많이 있다. 그리고 이렇게 강력한 내적 이미지는 쉽게 외부로의 전이를 일으킨다. 그러므로 아버지 나이 또래의 상대를 보게 되면 상대에게 이 이상적인 아버지를 전이시켜서 그에 맞춰 상대방을 대하고 행동한다.

역전이는 이다음에 일어난다. 이렇게 이상적 아버지로 대해지는 사람은 스스로가 그 「이상적 아버지」로 행동하려는 반응을 보인다. 이는 피그말리온 효과(Pygmalion Effect)와 같이 사람은 어떠한 역할로 보인다면 그 역할을 수행하려 하는 심리적인 특성이 있기 때문이다. 그러므로 자신의 내면에 있는 이상적인 아버지로 스스로의 역할을 고정하고 상대에게 이상적 아버지가 해 줄 수 있는 것들을 해 주게 된다.

일부러 도움을 요청하는 것도 이 역전이 전략의 한 가지라고 할 수 있다. 도움을 요청하였을 때 도와주게 되면 도와주는 사람과 도움받는 사람의 관계가 형성된다. 이것이 한번 이루어지면 다음에 도와주지 않게 되면 죄의식을 느끼거나 무언가 꺼림칙한 느낌을 느끼게 된다. 이것이 바로 이미 역전이가 일어나서 스스로가 관계에 있어서 자신의 역할을 정했기 때문이다.

심리상담에서 많이 일어나는 현상 중 한 가지가 바로 이러한 현상이다. 분명히 상담가가 도움을 주고 있었던 관계가 정신을 차리고 있으면 내담자가 상담가를 조종하고 있는 경우가 있다. 점점 이 역전이 역할에 몰두하면 몰두할수록 자신의 일상생활에서 스스로가 멀어지게 되는 것이다.

만약 내게 향하는 역전이를 정할 수 있다면 어떨까? 이것이 바로 심리 조작자들의 전략이다. 자신이 상대에게 전이하는 것을 이용하여 자신에게 일어나는 역전이를 본능적으로 알아차리고 행하는 것이다. 만약 나이가 많은 할아버지라면 젊은이들이 함부로 대하지 못할 것이다. 내가 장애인이라면 내 행동에 대해서 강하게 비난하지 못할 것이다. 혼나고 있을 때 울기 시작하면 갑자기 혼내는 사람이 나쁜 사람이 될 것이다. 이러한 것들이 일상생활에서 쉽게 일어나고 있는 역전이 현상이며, 이것을 잘 사용하는 사람일수록 자신의 힘과는 무관하게 사람들을 교묘하게 조종하고 있을 가능성이 높다.

의존성 인격장애를 만드는 법

이렇게 전이와 역전이가 일어나게 되면 서로가 서로에게 의존을 시작한다. 이것이 심해지면 의존성 인격장애(Dependent Personality Disorder)로 이행하게 되고 상대방에게 의존하지 않으면 아무것도 선택하지 못하고 아무것도 행동하지 못하는 상태로 넘어간다. 이렇게 되면 그 정신에는 무엇이든지 세뇌할 수 있게 된다.

이 의존성 인격장애는 상호 의존으로 인해 쉽게 일어난다. 이를 공의존(Codependency)이라고 한다. 공의존이란 한쪽에서 일방적으로 의존하기 시작하였지만 어느새 의존되고 있던 사람이 거꾸로 의존하여 상호 의존이 일어나고 있는 상황을 말한다. 예를 들면, 알콜 중독자가 치료를 위해 그 배우자에게 의존하고 있던 것이 어느새 배우자가 알콜 중독자에게 거꾸로 의존하고 있는 상태가 된다. 이렇게 되면 자신이 의존 받는 것 자체에 가치를 느끼고 의존 받는 것 자체에서 행복을 느끼게 된다. 그 결과 알콜 중독을 치료하지 못하게 하여 계속해서 의존 받으려고 한다.

그러므로 공의존은 역전이와 마찬가지로 우선 의존하는 것에서 시작한다. 그러므로 약해 보여서 도움을 청하는 것이 오히려 상대를 심리적으로 조종하려는 전략이 될 수 있다. 이렇게 조금씩 의존하면서 상대가 나를 돕는 것에 행복과 기쁨, 가치를 느끼게 되면 공의존으로의 길이 시작되고 조금씩 자신도 모르게 내게 의존하게 된다.

이는 마치 어머니가 아기를 대하는 것과 유사하다. 혼자서는 아무 것도 할 수 없는 아기는 필연적으로 모든 것을 어머니에게 도움을 청해야 한다. 그리고 이 도움이 계속되다 보면 어느 순간 어머니는 아이에게 필요 이상으로 의존하게 된다. 그 결과 아기가 없으면 불안해한다거나 자신의 가치가 무시받는 것 같은 느낌을 느낀다거나 하게 된다. 이것이 치료되지 않고 계속해서 이어지는 것이 바로 학부모의 치맛바람이다.

공의존을 통해 의존성 인격장애에 들어가게 되면 무언가에 의존하고 의존 받지 않으면 불안함을 주체할 수 없게 된다. 이때 자신이 의존하고 의존받을 수 있는 집단이 형성된다면 그 집단 이데올로기를 온전히 받아들여 자신의 것으로 만든다. 그 이데올로기가 무엇인지는 신경 쓰지 않고 오로지 그 집단에서 자신의 가치를 인정받기 위해서 받아들이기만 할 뿐이다.

그러므로 세뇌는 현란한 교리나 교주의 카리스마에서 오지 않는다. 세뇌는 관계성으로 이루어지며 이 관계성이 마치 거미줄과 같이 얽어매어 빠져나오지 못하게 만들 뿐이다.

10. 주술은 부정적 효과만 있는가?
주술적 사고의 긍정적 활용

| 주술적 사고의 활용

지금까지는 주술적 사고의 위험성에 대해 이야기 해 왔다. 분명히 주술적 사고는 사람의 자아를 붕괴시키고 보편적 원형에 지배당하도록 만들 수 있는 위험한 의식 상태임에는 틀림없다. 하지만 이것을 잘 활용한다면 자신의 정신을 건강하게 유지할 수 있을뿐더러 여러 가지 분야에 있어서 긍정적인 효과를 얻도록 할 수 있다.

실제로 많은 백만장자들이 자신들만의 주술적 의식을 가지고 있다. 중요한 결정을 내릴 때 만지작거리는 책이 있다거나, 잠들기 전에 기도하는 제단을 가지고 있다거나, 중요한 협상 자리에서 행동하는 징크스와 같은 행동들이 있다거나 한다. 물론, 이들이 이것을 가지고 있기 때문에 백만장자가 된 것은 아닐 것이다. 하지만 이러한 주술적 사고에 의한 행동들이 그들이 가지고 있는 부담과 압력의 일부를 해소하는 데에 도움이 되는 역할을 한다고 볼 수는 있다.

이러한 주술적 행동들이 주술적인 효과를 일으키는 것은 확인할 수 없지만 이러한 주술적 행위를 한 뒤에는 스트레스 완화 등의 긍정적인 효과가 일어나는 것을 확인할 수 있다. 그러므로 이 주술적 행위를 그 의미를 파악한다거나 그 배경에 있는 사상에 집중하지 않고 그 기능적인 부분에 집중한다면 분명히 긍정적으로 사용할 수 있다. 오히려 이렇게 그 기능을 긍정적으로 사용하는 것이야말로 주술이 본래 행해야 하는 역할일 것이다.

주술적 사고로 힘을 얻는 방법

주술적 사고를 이용하는 가장 쉬운 방법은 힘을 가진 물체에 접촉하여 그 힘을 자신에게 가져오는 것이다. 이는 주술적 사고 중 접촉주술적 사고를 이용한 것으로, 스스로가 가지고 있는 제한에 갇혀 있을 때 그 제한을 깨고 나아갈 수 있도록 해 준다.

앞에서 타이거 우즈가 사용한 골프공을 사용했을 경우 성적이 더 상승했다는 연구 결과를 소개했다. 이것이야말로 전형적인 접촉주술적 사고를 통해 일어난 강화 효과이다. 여기에는 두 가지 심리적 효과가 그 배경으로 작동한다.

첫 번째는 자기 효능감(Self Efficacy)이다. 자기 효능감이란 자신이 스스로 가지고 있는 자신의 능력에 대한 평가이다. 즉, 자기 자신을 보았을 때 어느 정도의 능력이라고 못 박아버린 자신의 모습으로, 대다수의 경우 이 자기 효능감은 실제 자신이 할 수 있는 능력에 비해 낮다. 즉, 실제로 제자리높이뛰기를 했을 때 본래의 신체 능력이라면 40cm가 가능한 사람이지만 자기 효능감이 낮을 경우 30cm가량의 높이밖에 뛰지 못한다. 자기 자신이 가지고 있는 셀프 이미지가 자신의 한계를 마치 유리천장과 같이 막고 있기 때문이다.

이 자기 효능감을 높이기 위해서는 자기 자신이 아닌 외부의 힘이 필요하다. 왜냐하면, 사람들은 스스로가 스스로를 판단할 때에는 실제의 능력보다 낮추어 판단하기 때문이다. 그러므로 주술적인 힘을 가지고 있는 도구와 접촉하는 것을 통해 그 힘의 영향에 의해 자기 효능감을 넘어선 힘을 발휘할 수 있게 되는 것이다. 실제로 행했던 기억력 실험에서 자신만의 행운의 부적을 가지고 있는 사람과 그렇지 않은 사람의 결과를 보게 되면 부적을 가지고 있던 사람들이 더 높은 점수를 기록했다.

두 번째로는 자기실현적 예언(Self-Fulfilling Prophecy) 효과이다. 이는 대부분의 자기계발 서적 등에서 의미를 잘못 전달하는 부분이 있으므로 이 부분을 우선 짚어두고 넘어가고자 한다. 여러 가지 자기계발 서적에서 이 자기실현적 예언을 말하면서 간절히 생각하고 상상하던 것들이 미래에 이루어진 것을 자기실현적 예언으로 설명한다.

하지만 자기실현적 예언은 능동적으로 발생하는 것이 아니며 그저 미래 연상을 강렬하게 하는 것으로는 주술적 사고가 그다지 강렬하게 일어나지 못한다.

실제 자기실현적 예언이란 스스로 능동적으로 행하는 것이 아니라 수동적인 입장에서 예언을 받는 것에서 시작한다. 어떤 점쟁이가 "당신은 감정 기복이 심하군요."라고 말했을 때, 그 점쟁이의 말을 맞게 만들기 위해서 그 전까지는 안정적인 정서 상태를 가지고 있던 사람이 그 예언 이후에 감정 기복이 생기는 등의 현상을 자기실현적 예언이라고 한다. 즉, 예언이 우선적으로 일어나고 그 예언을 현실화시키기 위한 무의식적 행동을 말한다.

여기에서는 예언자에 대한 주술적 신뢰도가 매우 큰 영향을 준다. 예를 들면, 이미 세뇌당한 상태에서 컬트 리더가 "당신은 사람들에게 큰 도움을 줄 사람입니다."라고 말하면 그 말을 실현시키기 위해 자원봉사를 다니거나 기부를 하거나 하는 행동을 시작한다. 이미 무의식 수준에서 컬트 리더의 말은 틀리지 않기 때문에, 그것을 틀리게 만들지 않기 위해서 스스로가 행동으로 컬트 리더의 말을 맞게 만드는 것이다.

소위 「용한 점쟁이」의 경우가 이 심리 효과를 잘 이용한다. 몇 가지 사안을 맞추는 것을 통해 '이 사람의 말은 틀린 것이 없어.'라는 생각을 하게 만들면 그 이후에 말하는 내용들은 모두 스스로가 맞도록 앞뒤를 끼워 맞추게 된다. 그렇게 되면 점쟁이가 한 예언들을 모두 이루기 위해 예언에 해당하는 것처럼 보이는 것들을 모두 예언의 결과라고 생각하게 된다.

만약 이런 점쟁이 혹은 컬트 리더가「연애 운이 좋아지는 부적」을 건네준다면 어떨까? 여기에서 자기실현적 예언 효과가 일어나면서 스스로가 연애 운이 좋아짐을 체험하기 위해 여러 가지 행동을 시작하게 될 것이다. 그 결과 연애를 하게 되거나 주변에 연애와 관련되어 많은 일들을 체험하게 될 것이고 결과적으로 부적의 효과가 일어났다고 여기게 된다. 과연 이것이 주술의 효과인지, 아니면 심리적 효과인지는 확인할 수 없지만, 결과적으로 원하는 일을 이루었다면 그 기능은 충분히 다 했다고 생각할 수 있다.

불확실함에서 벗어나는 방법

주술적 사고를 이용하는 두 번째 방법은 통제력 상실에 의한 불안감을 해소하는 방법이다. 많은 뱃사람들은 엄청나게 많은 주술과 미신과 금기를 가지고 있다. 왜냐하면 그들이 바다에 나간 후에는 그들이 통제할 수 있는 것들이 매우 적어지기 때문이다.

양손과 양발이 묶이고 눈에는 안대가 씌워지고 귀에는 귀마개가, 입에는 재갈이 물려있다고 상상해보자. 내가 할 수 있는 것은 아무것도 없으면서 밖에서는 무엇이 일어나고 있는지도 알 수 없다. 이 상태에서는 통제력의 상실에 의한 불안감이 엄습해온다. 그 누구도 이러한 상황을 원하지 않으며 이 상황에서 한시라도 빨리 빠져나가고자 한다. 그렇기 때문에 이 상황에서 주술적인 사고에 의한 주술적 행위를 하게 된다.

이때 행하게 되는 주술적 행위는 그 자체가 무언가 깊은 의미를 가지고 있는 것도 아니며 심리적 기능을 하는 것도 아니다. 그저 무력한 상황에서 스스로가 무언가 개입할 수 있다고 여기는 것으로 무력감을 조금 줄여줄 뿐이다.

EBS에서 2009년도에서 이를 증명하는 실험을 한 적이 있다. 치과 치료 전에 환자에게 누르면 통증을 줄여주는 버튼이 있다고 설명한다. 이 버튼을 환자들에게 주고 치과 치료를 했을 때, 실제 환자들은 고통을 느꼈을 때 버튼을 누르면 통증이 줄어드는 체험을 했다고 한다. 하지만 이 버튼은 아무런 기능이 없는 단순한 버튼이었을 뿐이었다. 치과 치료와 같은 무력한 상황에서 자신의 고통을 경감시키기 위한 수단으로 사용하는 버튼에 주술적인 사고가 작동하면서 실제 고통을 줄이게 된 것이다.

앞에서 이야기한 백만장자들의 경우도 마찬가지의 효과를 일으킨 것이다. 중요한 계약 자리에서는 내가 할 수 있는 것 이외의 부분에서의 영향력을 무시할 수 없다. 하지만 여기에 주술적 의식을 통해 주술적 세계의 힘을 다룰 수 있다는 믿음을 가지게 되면 조금이나마 내가 상황을 통제할 수 있다는 안심을 주게 된다. 이것이 실제 주술적인 힘을 발휘했는지는 확인할 수 없지만, 그것이 알 수 없는 상황에 대한 긴장을 낮춰주고 긴장에 의한 실수를 피하게 해 주었다고는 볼 수 있다.

　점술에 대한 태도 역시 마찬가지이다. 점을 보러 가는 사람들은 미래에 대한 불확실성과 무력감을 체험한 사람들이다. 그러므로 점이라고 하는 주술적 행위를 통해 미래에 대한 확신을 얻고자 한다. 심지어는 자신의 미래가 불행하다 할지라도 불행하다는 것이 확정되는 것으로 오히려 안심을 하게 되는 모순적인 모습을 보인다.

　사람들은 미래가 고통스럽다는 것이 아니라 미래가 불확실하다는 것을 더 고통스러워한다. 그러므로 수많은 주술들은 불확실한 미래에서 확신을 가지고 나갈 수 있도록 해 준다. 이것이 서두에 말했던 눈보라를 헤치고 나아갈 수 있게 해 주는 용기의 원천이며 언뜻 무모해 보이지만 세파를 헤치고 성공을 얻을 수 있도록 하는 비결이기도 하다.

자아를 쉬게 하는 적극적 퇴행

　주술적 사고란 자아의 퇴행에 의해 일어나는 현상이다. 그러므로 자아가 튼튼하게 유지되어 있다면 주술적 사고는 일어나지 않는다. 하지만 우리는 항상 자아를 확고부동하게 유지하고 있을 수 없다. 자아는 자연적으로 퇴행하려는 성질이 있으며, 이 자아를 유지하는 것은 그 자체로 힘이 들기 때문이다.

그러므로 자아도 휴식이 필요하다. 항상 긴장하고 자아를 유지하고 있는 것은 오히려 자아에게 과도한 긴장을 유발하고 자아가 쉽게 지치는 원인이 된다. 자아가 지치게 되면 오히려 자주, 쉽게 퇴행을 하게 되며 이렇게 퇴행하게 되면 다시 자아를 유지하는 힘이 약해지므로 점차 퇴행하는 빈도가 높아지게 되는 악순환에 빠진다.

이렇게 악순환에 빠지기 전에 자아에게 휴가를 주어서 쉬게 만드는 것을 적극적 퇴행이라고 한다. 지금까지 퇴행의 부정적 면만을 이야기 했지만 퇴행은 쾌락 작용이기도 하다. 그렇기 때문에 퇴행을 하게 되면 즐거움을 느끼고 삶을 살아가는 에너지를 얻게 된다. 오히려 퇴행이 없는 삶이 되면 온갖 규율과 현실의 사건들로 인해 자아는 말라가게 된다. 그러므로 이따금 자아에게 휴가를 주고 쉬어야만 다시 자아가 스스로를 지킬 힘을 가지고 돌아오게 된다.

이 자아의 휴가가 바로 적극적 퇴행이다. 퇴행을 할 때에는 자아가 해리되면서 보편적 원형들과 만나게 된다. 이때 만나게 되는 보편적 원형들이 내가 선택했던 원형이거나 내게 부정적 영향을 주지 않는 보편적 원형이라면 자아는 오히려 힘을 얻고 돌아온다. 즉, 다른 누군가의 영향력이 닿지 않는 안전한 곳에서 행하는 주술 행위는 오히려 놀이와 같아서 자아에게 스스로를 지킬 수 있는 힘을 준다.

적극적 퇴행

이렇게 들으면 적극적 퇴행을 하고 싶은 생각이 드는 사람들이 있을 것이다. 하지만, 도대체 무엇을 어떻게 해야 적극적 퇴행을 할 수 있을지 모르는 사람들에게 한 가지 재미있는 적극적 퇴행 방법을 소개해 본다.

미리 주술적 사고에 빠져들기 전에 주의를 주자면, 이것은 단순한 정신적인 상상에 지나지 않으며 그것이 현실에 일어나거나 하는 일도 없다. 그저 우리의 정신을 퇴행시켜 즐거운 시간을 보낸 뒤에 다시 돌아오는 것이 목적이다.

눈을 감고 사방이 흰색인 방을 떠올린다. 그리고 자신의 눈앞에는 수많은 색의 크레용이 있다는 상상을 해 본다. 그 크레용 중에서 원하는 색을 가지고 흰 벽에 크레용으로 선을 그려본다. 처음에는 짧은 선을 그리고 나중에는 점점 긴 선을 그려본다. 벽 한 면을 여러 가지 색의 크레용을 이용해서 색을 칠해본다. 점점 크레용으로 그림을 그리는 것이 익숙해지면 바닥이나 다른 벽도 그림을 그리도록 한다.

처음에는 간단한 선에서 시작해서 도형, 나중에는 동물이나 곤충 혹은 상상의 동물들도 그려보도록 한다. 그렇게 머릿속에 떠오르는 모든 것들을 흰 벽에 그려보도록 한다. 그림이 아니라 말을 써도 좋고 단순히 손이 가는 대로 움직여서 알 수 없는 무늬를 그려도 좋다. 이 순간 만큼은 아무런 억압 없이 마음대로 흰색 벽을 그리도록 한다.

충분히 만족할 만큼 그림을 그렸으면 천정에 검은 블랙홀을 상상하고 그 블랙홀에 지금까지 그렸던 모든 것들이 빨려 들어가 사라지도록 한 뒤에 블랙홀을 사라지게 한다. 그렇게 하면 다시 이 방은 흰색 벽으로 둘러싸여 있게 될 것이다. 이 상태에서 다시 눈을 뜨도록 한다.

이것을 행하는 것은 그 자체로도 스스로가 즐겁게 퇴행하여 어렸을 때 낙서를 했던 것 같은 체험을 일으킬 수 있게 된다. 또한, 마지막에 모든 낙서를 없애는 것으로 그 낙서가 내 정신에 남아있지 않게 하는 것으로 자신의 정신에 대한 영향도 소거할 수 있다. 만약 마음이 지치고 피곤할 때에는 이런 식으로 적극적 퇴행을 충분히 한 뒤에 돌아오면 세상이 전보다는 더 맑게 보일 것이다.

11. 어떻게 하면 막을 수 있을까?
세뇌에 대항하는 방법

| 마음을 지키는 최종 마지노선

지금까지 주술적 사고를 시작으로 해서 전이와 역전이를 이용한 심리적 조종 전략, 주술적 사고를 건설적인 방향으로 사용하는 법에 대해 설명해 왔다. 이제는 이러한 심리적 조종과 주술적 사고로 이끌어 가는 여러 가지 환경들에게서 스스로를 지키는 세뇌 방어법을 설명하고자 한다.

우선은 우리가 스스로를 지킬 수 있는 마지노선은 어디인지를 알아야 한다. 이것을 넘어섰다면 치료를 받아야 하는 대상이며 아직 여기를 넘어서지 않았다면 스스로를 지키는 것으로 자신을 회복할 수 있다.

이 마지노선은 「실존적 공허」이다. 실존적 공허 상태까지는 아직 스스로의 힘으로 자아를 되살릴 수 있다. 하지만 이 단계를 지나가면 스스로의 힘으로는 자아를 되돌릴 수 없고 외부의 힘을 빌어야 한다. 이미 자아의 붕괴에 해당하는 경계성 인격장애 단계부터는 애착의 대상이 내면으로 향했기 때문이다. 경계성 인격「장애」라고 부르는 것 자체가 스스로의 힘으로는 스스로를 도울 수 없기 때문이다.

실존적 공허는 아직 현실의 대상에 애착이 남아있다. 이 단계에서는 현실감을 되살리는 것으로 자아를 재구축할 수 있으며 아직 병이나 장애가 아니다. 여기에서는 아직 실존적 공허 다음으로는 나아가지 않은 사람들을 대상으로 하여 스스로를 지키고 스스로의 자아를 되돌리는 방법에 대해 설명하도록 하자.

❙ 지금 무엇을 느끼는가?

자아의 건강함이란 인지 능력과 오감 능력의 연동 정도에 따른다는 것은 앞에서 설명했다. 그러므로 해리된 자아를 되살리는 것 역시 이 자아의 인지 능력과 오감 능력의 연동성을 되살리는 것으로 가능하다. 즉, 오감으로 느껴지는 것들을 있는 그대로 흐려짐 없이 느낄 수 있게 되는 훈련을 하는 것이 자아를 되살리는 훈련이 된다.

간단히 이야기하자면「지금 무엇을 느끼고 있는가?」를 스스로가 항상 인지하고 있는 것이다. 그렇게 되면 자신의 오감을 항상 신경 쓰게 되고, 보이는 것, 맛보는 것, 느껴지는 것, 들리는 것, 냄새 맡는 것 모두에 의식을 향하게 된다. 그 결과 오감과 자신의 인지 주체 사이의 연결성이 튼튼해지며 퇴행을 한다 할지라도 다시 되돌아오는 힘이 강해지게 된다.

즉, 자아의 건강함은 근육과 같다고 생각하면 이해가 쉽다. 근육은 쓰면 쓸수록 견딜 수 있는 힘이 강해진다. 이와 같이 인지 주체와 오감의 연결을 훈련하면 훈련할수록 자아의 연결성이 견딜 수 있는 힘이 강해지는 것이다. 이렇게 자아의 힘이 강해지면 외부의 사건이나 초자아의 단죄 등 자아를 퇴행시키는 일이 있더라도 이 연결이 끊어지지 않고 견딜 수 있는 정도까지 해리된다. 예를 들면, 운전하던 중 갑자기 교통사고가 나면 그 순간 본능적으로 반응하며 평상시에 냉정하게 반응했을 때에는 놓치지 않았을 것들을 다 놓치게 되는 경우가 많다. 이것은 외부의 사건에 의해 자아가 순간적으로 해리되었기 때문이며, 나중에 다시 떠올려 보면 이 당시의 기억은 명료하게 남아있지 않다. 왜냐하면, 자아가 해리되어 일상적 자아와는 분리되었기 때문이다.

하지만 자아의 힘을 키워놓았다면 자아의 퇴행이 일어났다 해도 자아가 분리될 정도로 퇴행이 일어나지 않는다. 그렇게 되면 물론 긴장과 흥분 상태는 이어지지만, 자신의 기억이나 인지적 능력이 명료하게 살아있는 상태이기 때문에 큰 실수 없이 사고를 수습할 수 있게 된다. 그러므로 자아의 힘이 강력하다면 자아를 퇴행시키는 세 가지 요소에 유연하게 대응할 수 있게 되는 것이다.

마음 챙김을 통한 자기훈련

이렇게 자아의 힘을 키우는 훈련은 여러 가지가 있지만, 여기에서는 존 카밧진(Jon Kabat-Zinn)의 마음 챙김 명상에 기반을 둔 스트레스 감소 프로그램(MBSR, Mindfulness Based Stress Reduction)의 훈련을 소개하고자 한다. 이 훈련은 스트레스 감소 프로그램이라고 이야기를 하고 있지만 그보다는 본인의 모든 행동과 감각 전체에 대한 인지력을 강화시키는 효과가 있기 때문에 자아를 훈련시키는 데에 큰 도움이 된다.

우선 「마음 챙김」이란 무엇인지를 설명하도록 하자. 마음 챙김 명상(Mindfulness)이란 불교에서 많이 행하는 수행법으로 보통은 「마음을 챙기는 명상법」이라고 이야기한다. 하지만 정확하게는 마음을 챙기는 것이 아니라 「마음으로」 챙기는 것이다. 이 둘의 차이는 마음을 챙기는 것은 마음이 대상이 되지만 마음으로 챙기게 되면 마음이 주체가 된다.

마음으로 대상을 챙긴다는 것은 대상에 마음을 온전히 써서 푹 들어가는 것을 말한다. 여기에 다른 어떠한 생각이나 가치, 판단을 개입시키지 않고 온전히 그 대상만을 오감으로 완전히 챙기는 것이다. 만약 숨을 쉬는 것에 마음 챙김을 했는데 '호흡 때문에 목이 건조해지네.'라는 생각이 든다면 생각이 호흡이라는 대상을 오염시킨 것이다. 오로지 호흡하는 것 하나만을 온 마음과 온 정신으로 몰입하여 체험하는 것이 마음 챙김 명상이다. 그러므로 결과적으로 매 순간순간 오감으로 느껴지는 것들에 마음을 두고 그 느낌들을 생각이나 판단으로 채색하지 않는 것이 마음으로 대상을 챙긴다는 의미이다.

그러면 이제 존 카밧진의 마음 챙김 훈련법을 소개하도록 하자. 이 훈련은 본래 8단계이지만 이 중 마지막 단계를 제외한 7단계를 소개하고자 한다. 마지막 단계는 이를 통해 얻어낸 전체적 인지력을 활용하는 방법으로, 자아가 강해지면 자연스럽게 얻을 수 있는 능력이기 때문이다. 각 단계는 1주일간의 훈련 기간을 갖는다.

1단계 : 미각 챙김

여기에서 「챙김」이란 표현은 「공들여 한다」라는 것의 다른 표현이다. 모든 마음과 정신을 다 해서 그 행위를 공들여서 행하는 것이며 다른 것이 개입하지 못하도록 그 행위에만 온전히 몰입하는 것이다.

첫 번째 단계는 미각을 챙기는 것이다. 미각을 챙기는 것이란 혀에 느껴지는 모든 맛과 감촉, 향을 온 감각을 다 해 느끼는 것이다. 이 단계에서 맛보는 것은 무엇이 되었던지 상관없다. 하지만 맛이 복합적이거나 너무 작거나 하면 감각이 복잡해지므로 아몬드, 땅콩, 건포도 등을 그 대상으로 삼는다. 여기에서는 아몬드를 예로 들도록 하자.

우선 아몬드를 손에 들고 아몬드를 유심히 살펴보도록 한다. 아몬드의 표면에 있는 주름, 손에 느껴지는 감촉, 빛의 방향에 따라 달라지는 반사광 등등 온 마음과 정신을 다 해 아몬드를 살피는 데에 집중한다.

그리고 아몬드를 입에 넣고 씹지 않은 채로 혀로 아몬드를 느껴본다. 입 안에 퍼지는 아몬드의 향을 느껴보고 껍질의 느낌을 느껴본다. 아몬드의 주름을 하나하나 혀로 느껴보고 혀의 다른 부위로 옮겨가면서 다른 느낌이 드는 것도 느껴본다. 점점 침으로 불어나는 아몬드 껍질도 느껴본다.

아몬드를 한번 씹어 반으로 쪼개본다. 입안에 느껴지는 고소한 향을 느껴보고 잘라진 면을 느껴보며 두 조각으로 나뉘어진 아몬드 조각이 혀의 각기 다른 장소에서 혀를 자극하는 느낌을 느껴본다.

이러한 식으로 아주 오랜 시간을 들여서 아몬드를 씹어본다. 그리고 마지막으로 아몬드를 삼키면서 아몬드가 목구멍을 따라 내려가는 느낌을 느껴보도록 한다.

이것이 미각 챙김이며 온 정신을 미각에 몰입하여 느끼는 훈련법이다.

2단계 : 호흡 챙김

미각을 챙겨봤으면 동일한 방법으로 호흡을 챙기도록 한다. 코로 숨을 쉬면서 코를 통해 드나드는 공기를 느껴보도록 한다. 콧구멍 끝에서부터 코로 들어오면서 공기가 콧구멍 전체를 만지고 비강으로 들어가는 것을 느껴본다. 비강을 지나 목구멍으로 들어오면서 목구멍을 따라 폐로 들어가는 것을 느낀다. 그리고 폐에 공기가 가득 차면서 폐가 팽창하는 것까지 온 마음을 다해 느껴보도록 한다.

숨을 내쉴 때에는 반대로 폐가 수축되면서 공기가 기도, 비강을 지나 콧구멍으로 빠져나가는 것을 느껴본다. 하나하나의 공정을 분리해서 혹은 순서대로 느끼는 것이 아니라 이 전체적인 감각을 온전히 마음을 다 써서 느껴보도록 한다. 이것이 호흡을 챙기는 훈련법이 된다.

3단계 : 신체 챙김

스스로 편안한 자세를 취한다. 앉아 있어도 좋고 서 있어도 좋으며 누워도 좋다. 스스로 편한 자세를 취한 뒤에 온몸의 느낌을 챙겨본다. 서 있다면 발바닥과 땅바닥 사이에 느껴지는 느낌, 각 관절에 주어지는 무게감, 각 근육들이 어떻게 힘을 주고 있는지, 목은 머리를 지탱하기 위해 어느 근육들에 힘이 들어가고 있으며 그중에서도 어떤 근육에 특히 힘이 들어가고 있는지 등을 챙기도록 한다.

몸에 들어가는 힘뿐만이 아니라 힘이 빠지는 곳도 함께 느껴보도록 한다. 어디가 힘이 들어가지 않고 편안하게 있을 수 있는지 느껴보도록 한다. 이렇게 온몸을 전체적으로 느껴보면서 몸의 감각에 온전히 마음을 써서 느끼도록 한다. 이것이 신체를 챙기는 훈련법이다.

4단계 : 운동 챙김

이제는 움직이면서 그 움직임을 챙겨보도록 한다. 팔을 들어 올리는 등의 행동을 하면서 천천히 그 전체 과정을 음미하면서 행동을 한다. 움직임에 따라 달라지는 근육의 움직임, 근육에 들어가는 힘의 이동, 피부에 느껴지는 감각 등등을 모두 느껴보도록 한다.

5단계 : 환경 챙김

이제는 외부에서 일어나는 외부의 소리나 풍경 등을 챙겨보도록 한다. 그렇게 되면 그저 지금 체험하고 있는 외부에 일어나는 일들을 수용적으로 자각할 수 있게 되며 이것을 그저 바라보고 체험하고 있는 것만을 인식하게 된다. 그러면 내가 무언가를 하고 하지 않고와는 무관하게 외부의 일들은 그저 스스로가 일어나서 스스로가 사라질 뿐이라는 것을 알 수 있다.

이렇게 외부의 일들을 챙기는 것을 통해 외부에 일어나는 일들과 내 체험을 분리시킬 수 있으며 나와 외부와의 경계를 명확하게 그릴 수 있게 된다.

6단계 : 내면 챙김

이제는 환경 챙김을 했던 것과 같이 내면을 챙기도록 한다. 내면의 생각이나 판단, 가치관, 기억, 감정 등등을 챙기며 그것들을 수용적으로 체험하도록 한다. 그렇게 되면 이러한 내면의 것들이 사실은 외부의 소리와 마찬가지로 그저 단순하게 일어난 것임을 알 수 있으며 그렇기 때문에 그저 알아서 사라지는 것이라는 것도 알 수 있다. 그러므로 내면에 일어나고 있는 수많은 것들을 그저 바라보고 마음으로 챙기며 거기에 어떠한 생각이나 가치 등으로 덧칠하지 않으려 하면 그저 그렇게 알아서 일어나고 알아서 사라짐을 알 수 있게 된다.

7단계 : 자애 명상

6단계까지의 마음 챙김을 마치게 되면 지금 이 순간에 집중하여 현재를 챙길 수 있게 된다. 거기에는 과거의 일이 현재에 영향을 미치지 않으며 미래의 일에 대한 걱정이나 예측이 지금 하고 있는 것에 더 이상 끼어들지 못한다. 이렇게 그저 지금 하고 있는 일과 지금 이 순간의 모든 것이 소중하고 사랑스러워지며 그 이상 즐겁고 사랑스럽지 않을 정도로 현재를 챙길 수 있게 된다.

이것이 마음 챙김을 통한 자아의 훈련 방법이며 매 순간 어떠한 생각이나 가치관, 감정, 판단 등이 체험을 채색하지 못하고 체험 그 자체만을 느낄 수 있도록 스스로를 훈련하는 것이다. 그렇게 되면 모든 일들에 생각이나 판단이 개입하지 못하고 대상을 있는 그대로 인지할 수 있게 되면서 자아의 퇴행이나 해리를 막을 수 있게 된다.

시선을 밖으로 돌려라

이러한 마음 챙김 훈련은 네 가지 포인트를 가지고 있다. 이 네 가지 포인트를 제대로 확인하면서 훈련을 진행한다면 훈련을 통해 잘못될 가능성이 매우 적어지게 된다.

그 첫 번째는 마음 챙김에 대한 정의를 정확하게 내리는 것이다. 심리치료 분야에 있어서 마음 챙김의 정의란 「현재의 경험을 수용적으로 자각하여 알아차리는 것」를 말한다. 여기에서 중요한 것은 「현재」, 「수용」, 「자각」이다.

현재란 과거와 미래가 영향을 주지 않는 지금 이 순간을 말한다. 즉, 과거의 경험이나 체험에 기반하여 현재의 사건을 판단하거나 예측하거나 반응하지 않으며, 미래에 대한 불안이나 예측, 기대에 의해 현재의 사건을 판단하거나 예측하거나 반응하지 않는 것을 말한다. 즉, 미래에 실패할 것을 걱정하여 지금 좋은 투자기회를 냉정하게 판단하지 못하게 되거나, 과거 연인과의 뼈아픈 이별로 인해 지금 눈앞에 있는 연인에게 온 마음을 쏟아 사랑하지 못하게 되는 것을 말한다.

수용이란 개입하는 것이 아니라 수동적으로 대상을 바라보는 것이다. 즉, 무언가를 느낄 때 무언가를 느끼려고 하는 것이 아니라 느껴지는 것을 인지하는 것이다. 어깨에 긴장이 느껴진다면 그저 그것으로 마쳐야지 긴장을 풀기 위해 느낌에 개입하는 것이 아니다.

자각이란 명확하게 인지하는 것이다. 느낌과 인지 사이에는 우리의 생각보다 많은 정보가 유실된다. 이 정보들을 유실되지 않도록 명료하게 대상을 인지하는 것으로 느낌과 인지주체 사이의 연결성을 강하게 확보하는 것이다.

두 번째 포인트는 메타인지의 활용이다. 메타인지란 「내가 인지한다는 것을 인지하는 인지력」을 말한다. 쉽게 예를 들자면 "대한민국의 수도는 어디인가요?"라는 질문을 받으면 우선적으로 그 답을 알고 있는지를 확인하고 알고 있다는 것을 확인한 뒤에 답을 대답한다. 하지만 반대로 "보츠와나의 수도는 어디인가요?"라는 질문을 받으면 그 대답을 알지 못한다는 것을 「알고 있다」. 이렇게 나의 지식 전체에 대해 작동하는 인지력이 메타인지이다.

또 다른 예로는 내가 느끼고 감각하는 것에 대한 인지력 역시 메타인지이다. 누군가에게 맞아서 아프면 아프다는 느낌이 있고 아프다는 것을 인지하고 있는 또 다른 인지주체가 있다. 이렇게 체험 그 자체가 아니라 체험을 다른 차원에서 조망하여 인지하는 인지주체를 메타인지라고 한다.

　이 메타인지가 중요한 이유는 내게 일어나는 일들을 한 단계 높은 차원에서 조망하여 바라볼 수 있기 때문이다. 5단계 환경 챙김에서 외부에 일어나는 일들을 그저 조망하여 바라볼 뿐이라고 했다. 이것이 메타인지를 기르는 기초 훈련이 된다. 외부에 일어나는 일들을 바라보는 것처럼 내면과 신체에 일어나는 일들을 바라보는 것이 메타인지의 기본이기 때문이다.

　이렇게 메타인지가 길러지게 되면 자신의 경험과 체험이 자기 자신이 아님을 알 수 있게 되며 그저 내면에서 일어난 뇌 기능의 잡음이라는 것을 인지할 수 있게 된다. 사람들은 자신의 경험이 자신의 일부라는 착각을 한다. 이것을 메타인지로 판단하여 그렇지 않다는 것을 알면 자신에게서 떼어놓을 수 있다. 즉, 어떠한 감정이나 느낌, 생각들도 뇌 기능의 잡음일 뿐이므로 그것을 메타적으로 인지하고 수용적으로 자각할 수 있다면 그것이 나를 사로잡지 못하게 된다.

　세 번째 포인트는 탈자 동화이다. 이 역시 메타인지 활용의 연장선에 속하는 것으로, 지각 → 인지 → 반응의 연결이 자동적으로 이루어지지 않게 하는 것이다. 대부분의 경우 무언가를 알아차리고(지각), 그것을 인지하여 체험한 뒤에(인지) 그에 따른 대처(반응)가 자동적으로 일어난다. 예를 들면, 좋아하는 과자가 있는 것을 보면(지각) 그것에 따른 과거의 좋았던 경험이나 체험이 되살아나고(인지) 별다른 의식적 개입 없이 그 과자를 먹게 된다(반응). 이 연속적이고 자동적인 반응들을 메타적으로 인지하여 관찰하고 이해하는 것이다.

그렇게 되면 어떠한 사건이나 현상에 대하여 수동적으로 반응(React)하는 것이 아니라 능동적으로 행동(Act)할 수 있게 된다. 즉, 이 연쇄적인 자동화 반응을 끊어낼 수 있게 되며 외부 사건에 의한 본능적 반응을 줄일 수 있게 된다. 결과적으로는 퇴행의 빈도 자체가 줄어들게 되는 것으로 자아를 지킬 수 있게 된다.

마지막 포인트는 탈 융합화이다. 우리는 현재 경험하고 있는 것이 자기 자신이나 현실을 반영하고 있다고 착각하고 있다. 예를 들면, 부당한 대우를 받아 분노가 치밀어 오르는 것은 현재 일어나고 있는 일에 대해 내 과거의 체험이나 지금까지의 경험을 통한 반응에 지나지 않는다. 현재의 일은 내 체험이나 경험과는 무관하게 일어나고 있는 일이며 그러므로 당연히 과거와 동일한 반응을 보일 필요가 없다. 하지만 이것이 자기 자신과 관련이 되어있다고 여기는 심리적 융합작용으로 인해 맹렬하게 분노하거나 한다.

그러므로 이는 어떠한 일이 일어나면 그것이 나와는 무관하며 실제로 내가 생각하거나 느끼는 일이 아니라 내가 지금 생각하거나 느끼는 것은 나의 뇌내 망상이 개입했음을 이해하여 융합화를 벗어나는 것이다.

이러한 포인트를 제대로 확보하면서 훈련을 나아간다면 자기 자신의 자아를 매우 건강하게 유지할 수 있게 될 것이다.

마음은 힐링의 대상이 아닌 훈련의 대상

많은 사람들이 자신의 지친 마음을 치유하고 보살피고자 한다. 하지만 이것은 그저 실존적 공허의 연장선에서 일어난 망상일 뿐이며 마음은 치유의 대상이 아니며 절대로 치유가 될 수도 없다. 그렇기 때문에 그 많은 마음 치유 프로그램들이 실제로는 사람들의 마음을 낫게 하는 것이 아니라 자아의 훼손을 통해 주술적 사유를 하도록 만드는 것이다.

마음이란 치유하는 것이 아니라 그저 훈련하는 것이다. 여기에서 훈련이라 함은 내면이 되었건 외부의 사건이 되었건 일어나는 것들에 대해 나의 태도와 반응을 훈련한다는 것을 말한다. 예를 들면, 지금 자려고 누웠는데 윗집에서 쿵쿵거리는 소리로 잠을 깨웠다. 그러면 갑자기 자리에서 일어나 짜증이 몰려오며 윗집에 욕을 하곤 한다. 아니면 분노를 억누르며 다시 잠을 청하는 경우도 있을 것이다.

우선 여기에서 내가 자려고 누운 것과 윗집에서 쿵쿵거린 것은 그저 일어난 사실에 지나지 않는다. 이 자체를 어찌할 수는 없으며 이것을 어찌하려는 것은 통제 욕구에 의해 일어난 주술적 사고에 지나지 않다. 하지만 이때 내가 보인 행동에 대해서 살펴볼 필요가 있다.

바로 일어나서 욕을 했거나 감정을 억눌렀거나 어떤 행동을 했는지는 중요하지 않다. 중요한 것은 그 행동을 내가 선택한 것인지가 중요하다. 만약 이것이 자동적으로 일어나는 반응이었다면 나의 마음은 아직 제대로 훈련된 것이 아니다. 일어난 사건과 그에 대한 반응을 따로따로 떼어서 인지할 수 있으며 그에 대한 반응을 선택하여 행동할 수 있다면 훈련된 마음인 것이다.

그러므로 건강한 자아란 외부와 내부에 일어난 모든 사건과 현상에 대해 그저 반응만 하는 것이 아니라 그 과정에서 자동적으로 일어나는 반응들을 떼어내고 능동적으로 선택하여 개입할 수 있는 자아를 말하는 것이기도 하다.

12. 세뇌를 푸는 방법들
디프로그래밍, 엑시트 카운슬링, 엑시트 코칭

세뇌에 빠진 사람을 다시 되돌릴 수 있을까? 수많은 컬트 종교가 생겨나고 사회적인 문제를 일으키자 미국을 중심으로 한 서구권에서는 이러한 논의가 시작되었다. 우리와 가까운 일본 역시도 옴진리교 사건을 계기로 컬트 집단과 그 구성원들의 탈세뇌에 대한 많은 논의가 일어났다. 이로 인해 탈세뇌 혹은 탈회(脫會), 엑시트(Exit) 기법에 대한 연구가 많이 일어났다.

디프로그래밍

가장 초기의 탈세뇌 기법은 디프로그래밍(Deprogramming)이라는 기법이다. 이는 말 그대로 세뇌를 프로그래밍의 일종으로 보고 그

프로그램을 해체하는 관점을 취한다. 여기에서는 세뇌된 사람과의 논쟁을 기본으로 세뇌되어있는 가치관이나 사유체계를 완전히 논파하는 것을 기본적인 테크닉으로 삼는다.

이 디프로그래밍은 컬트 집단에서 살고 있는 피세뇌자를 납치하듯 데려와 감금하고 탈세뇌 전문가가 그를 탈세뇌하는 것이 기본적인 흐름이다. 그렇기 때문에 여기에서는 매우 많은 인권 문제가 발생하고 있으며, 어느 이상의 규모가 되는 컬트 집단에서는 이 프로세스에 대해 많은 연구를 통해 방어하는 방법들이 개발되고 있다.

대표적인 것이 탈세뇌 과정 중 스스로 자해하여 병원에 이송된 후에 납치되었다고 주장하는 것이다. 그렇게 되면 가족의 동의를 얻었다 할지라도 이미 과정상 매우 강력한 인권 침해가 일어났기 때문에 그에 대한 법적 보호는 받을 수 없게 된다. 이로 인해 다시 컬트 집단으로 돌아간 피세뇌자가 탈세뇌 전문가를 납치, 유괴, 감금 등으로 고소하여 거액의 합의금 혹은 배상금을 받아내고 탈세뇌 전문가는 파산하는 등의 문제도 함께 일어났다.

또한, 이러한 디프로그래밍을 통한 탈세뇌가 근본적으로는 세뇌와 다를 것이 없다는 것도 또 다른 문제이다. 대부분의 경우 디프로그래밍을 통해 피세뇌자는 기독교나 불교 등의 기성 종교로 개종하게 된다. 즉, 그저 종교가 바뀌었을 뿐 컬트에 들어갔을 때 가지고 있던 자아의 문제나 정신적인 질환 등은 아무것도 해결된 것이 없다. 그렇다면 이러한 사람들은 다시 다른 컬트 집단에 들어가게 될 가능성이 높기 때문에 단순한 재세뇌일 뿐, 탈세뇌가 아니라는 비판도 많이 일어나고 있다.

엑시트 카운슬링

디프로그래밍에 대한 비판과 지적에 따라 개발된 새로운 방법이 엑시트 카운슬링(Exit Counseling)이다. 엑시트 카운슬링이란 심리학 전공자들을 중심으로 개발된 방법으로 피세뇌자의 주체성을 존중하며 심리상담을 통해 컬트에 빠지게 된 근본적인 원인을 해결하는 것으로 스스로 컬트에서 빠져나오도록 하는 접근을 취한다.

이 엑시트 카운슬링은 기존의 여러 가지 중독 요법에서 사용하는 기법들을 다수 차용한다. 즉, 이들은 그저 컬트가 제공하는 사상과 이데올로기에 중독되어 있을 뿐이며, 스스로 중독을 끊을 수 있을 정도로 상담을 통해 회복하게 되면 스스로 컬트를 나올 수 있다고 본다. 특히 이러한 관점에서는 의존성을 매우 중시하고 있으며, 가족관계를 통해 이 의존성을 해소하는 것이 매우 중요한 부분이 된다.

하지만 이 역시 몇 가지 중요한 단점을 가지고 있다. 첫 번째는 카운슬링이라고 하는 이름의 문제이다. 카운슬링은 그 단어가 무언가 문제를 가지고 있는 사람을 치료한다는 뉘앙스를 가지고 있다. 즉, 피세뇌자를 카운슬링에 데려간다는 것 자체가 피세뇌자 스스로가 문제가 있다는 것을 자각해야만 가능한 것이며, 대부분의 피세뇌자들은 자기 자신에게는 아무런 문제가 없다고 여기는 것을 보아서는 이들을 카운슬링에 데려가는 것 자체가 어려운 관문이다.

두 번째 문제는 카운슬러들의 관점이다. 이들은 심리학 전공자들이며 세뇌를 중독과 같은 선상에서 바라보았다. 즉, 이들이 보았을 때 세뇌당한 사람들은 심리적인 문제 혹은 장애를 가지고 있는 사람들이며 이 취약성을 치료하는 것으로 세뇌를 해소할 수 있다고 생각한다. 하지만 지금까지 이야기해 온 것처럼 이러한 취약성은 우리가 인간으로 가지고 있는 기본적인 특성이며 고치거나 치료할 수 있는 성질의 것이 아니다.

엑시트 코칭

이러한 맥락에서 새로이 등장한 탈세뇌 기법이 엑시트 코칭(Exit Coaching)이다. 엑시트 코칭이란 탈세뇌가 아닌 다른 맥락으로 상담을 하지만 실제로는 탈세뇌 작업을 하는 방법을 말한다. 즉, 두 가지 상담을 한꺼번에 행하는 것으로, 실제로는 금연 상담을 하면서 탈세뇌 작업을 함께 진행하는 등의 형태로 진행된다.

여기에서는 명시적으로 탈세뇌를 언급하지 않는다. 그저 스스로가 원한 목적을 이루기 위한 상담을 하는 것이다. 하지만 다른 관점에서는 이 상담 자체를 통해 피세뇌자의 자아를 강화시켜서 스스로 주술적 사고 상태에서 빠져나올 수 있도록 하는 것이 목적이 된다.

예를 들어, 금연 상담을 한다고 생각해 보자. 당연히 금연을 위해서는 담배를 끊고 싶은 이유, 언제 담배가 피우고 싶은지, 담배를 피우지 않으면 어떤 생각이 드는지 등을 물어보게 된다. 하지만 탈세뇌를 위한 맥락에서는 그 내용이 아니라 상대의 반응이나 태도 등을 분석하면서 상호관계와 반응이 적절하게 이루어지고 있는지를 체크한다.

여기에서 가장 중요한 것은 내담자가 어떠한 관계를 설정하려 하는지를 파악하는 것이다. 이것은 두 가지 방향이 있는데 첫 번째는 자신의 사적 논리를 관철시키려 하는 것이며, 또 하나는 사적 논리를 내세우지 않고 그저 상담자를 매혹시키려 하는 것이다. 이는 이성이건 동성이건 관계없이 일어난다. 이 두 가지를 파악해서 적절한 접근을 선택하는 것이 탈세뇌 맥락에서 중요한 부분이다.

이것이 끝나게 되면 금연을 위한 맥락에서는 과거에 금연을 했던 적이 있었는지, 병원 진료는 받아본 적이 있었는지 등을 물어본다. 주로 전 단계에서는 공간적으로 관련된 질문을 하고 이 단계에서는 시간적으로 관련된 질문을 한다.

탈세뇌 맥락에서는 내담자의 전이를 파악한다. 전이는 긍정적 전이, 부정적 전이가 있으며 상담자를 긍정적인 감정으로 전이하는 긍정적 전이가 일어나도록 해야 한다. 그래야만 함께 상담자도 역전이를 통해 서로 긍정적인 효과를 일으킬 수 있기 때문이다.

시간과 공간상의 인터뷰가 끝나면 상담을 통해 얻어야 하는 결과를 서로 설정한다. 만약 인터뷰를 통해 금연이 중요한 것이 아니라 실제로는 타인과의 관계성이 문제라는 등의 핵심적인 요소를 파악해 내고 이것을 내담자와 상담자 모두가 납득하는 것이다. 이것이 합의되면 더 이상 이 상담은 금연 상담이 아니라 관계성 상담으로 바뀌는 것이다.

탈세뇌 맥락에서는 이 단계에서 내담자의 자아 건강성을 판단한다. 대화를 하면서 얼마나 자아가 건강한지, 어떠한 부분에서 쉽게 주술적 사고로 퇴행하는지, 자아의 기능 중 어떠한 기능이 약화되었는지를 판단하며 상대방의 자아를 어떻게 해야 회복시키고 건강하게 만들 수 있는지를 파악한다.

이렇게 기본 인터뷰가 끝난 뒤에 상담에 들어간다. 여기에서 상담은 최면 상담이나 다른 어떠한 상담이라도 상관없다. 상담을 통해 금연(정확하게는 관계성)에 대한 상담을 진행한다. 이것은 탈세뇌를 위한 것이 아니라 온전히 그 증상만을 위한 상담을 해야 한다.

단지, 탈세뇌 맥락에서는 내담자의 자아를 회복시키기 위한 상담을 함께 진행한다. 앞에서 이야기한 전이와 역전이를 이용하여 내담자의 심리적 취약점을 회복시키고 전이를 일으키는 대상에 대한 새로운 패턴을 학습시키는 것으로 자아를 회복시켜가는 것이다.

이후에는 상담을 종료하고 새로운 패턴을 유지시키도록 숙제를 주면서 동시에 탈세뇌 맥락에서는 전이와 역전이를 소거하여 내담자와 상담자 사이의 관계성을 해소한다.

 이것이 엑시트 코치의 상담이며, 대화는 한 가지로 보이지만 실제로는 두 가지 이상의 의미를 가지고 대화와 상담을 진행하는 것이다. 여기에서 상담의 방법은 중요한 것이 아니며 중요한 것은 그 과정에 있어서 관계성과 전이와 역전이를 다루는 법, 내담자의 자아를 회복시키는 법에 대한 분석적인 접근이 된다.

엑시트 코치는 존재하지 않는다

 이와 같은 이유로 인해 실제로 엑시트 코치는 찾을 수 없다. 왜냐하면 엑시트 코치가 스스로를 엑시트 코치라는 타이틀을 사용하게 되면 내담자가 상담자를 찾아보고 그가 엑시트 코치임을 알게 되는 순간 그와의 상담이 탈세뇌일 수 있다고 의심하며 상담에 몰입하지 못하기 때문이다. 그러므로 수많은 엑시트 코치들은 다이어트 코치, 피트니스 코치, 금연 코치 등의 여러 가지 이름을 가지고 탈세뇌를 진행한다.
 그러므로 전 세계에서 알게 모르게 엑시트 코치들은 활동하고 있다. 그저 그들이 실제로 양지에서 활동하게 되면 탈세뇌를 진행할 수 없기 때문에 음지에서 알음알음 행동하며 탈세뇌를 진행할 뿐이다.

마치며..

   심리를 다루는 사람에게 있어서 세뇌란 매혹적이면서도 두려움을 불러일으키는 분야임에는 틀림없다. 모든 심리를 다루는 사람들의 마음속에는 타인을 조종하고자 하는 마음이 일부 있으며 이것이 현실화 된 것이 세뇌이기 때문이다.

   그렇기 때문에 세뇌 기법과 그 정보를 음지에 두는 것만으로는 오히려 독이 되는 경우가 많다. 자신도 모르게 낙후된 세뇌 기법을 찾거나 심지어는 잘못된 세뇌기법을 사용하여 사람들의 정신을 망가뜨리는 사람들이 있기 때문이다.

   여기에서는 프로이트의 정신분석학을 근본으로 한 자아심리학적 관점으로 세뇌에 대해 접근해 보았다. 실제로 많은 사람들이 이러한 자아의 위기를 겪고 있으며 스스로가 위험한 상태라는 것을 인지하지 못하면 그들이 더 나아질 가능성은 없다. 그러므로 이러한 자아에 대한 이해와 주술적인 힘을 긍정적으로 사용하는 것으로 더 나은 삶과 건강한 삶을 살기를 바란다.

부록: 도움이 되는 글들

| 이 부록에서는 이 책에서 다룬 주제와 관련한 해외의 여러 포럼 등에 올라온 글을 저자의 허락을 받아 번역하였습니다.

 주술적 사고 : 어떻게 하면 은밀히 퍼져가는 생각의 오류를 피할 것인가?

알렉스 리커만 Alex Lickerman

제 환자 중 한 명은 과민성 대장 증후군(Irritable Bowel Syndrome)으로 만성 변비를 앓고 있습니다. 문자 그대로 처음에 진단받았던 이후 20년 동안 그 증상의 패턴은 명확하게 일관적이었습니다. 1주일에 한두 번 정도 대장 운동이 있었으며, 이따금 약한 위경련을 동반하기도 했습니다. 결국 그녀는 이 증상이 걱정할 대상이라기보다는 귀찮은 대상이라는 것을 인정했습니다. 하지만 매번 그 질환을 위한 새로운 약을 처방하게 되면 하루나 이틀 정도 안에 내게 전화를 해서는 이 약이 변비를 일으킨다고 불만을 표시해 왔습니다. 그래서 새로운 약 대신에 대장 운동이 더 적어지고 복부 통증이 더 많아지기를 원하느냐고 하면 항상 그렇지 않다고 대답하였습니다.

그렇다 할지라도 새 약이 20년 동안 계속되어온 증상이 더 복잡해지는 원인이라고 주장하면서 그녀는 새 약을 쓰는 것을 단호히 거부하였습니다. 새 약의 문제가 아니라고 아무리 설득해도(항상 주의 깊게 약이 변비의 원인이 되거나 악화시키지 않는 것으로 선택함에도) 새 약을 거부하고 기존의 것을 먹고자 했습니다.

설령 처방했던 약들 중 약 한두 알이 변비를 악화시킬 수 있다 쳐도, 처방했던 열여섯 종의 약 모두가 이미 증상이 있었던 상황에서 완전히 동일한 증상을 일으켰다고 보는 것은 너무 나간 것은 아닌가 싶습니다. 그보다는 그녀가 주술적 사고에 빠졌다는 편이 더 나을 것입니다.

주술적 사고란 한 가지 사건이 설명 가능한 인과적 연결이 없음에도 다른 사건의 원인이 된다고 믿는 것으로 정의내릴 수 있습니다. 예를 들면 이런 것입니다. "오늘 일어났을 때 왼쪽으로 누워있었으니 비가 내릴 거야." 하지만 이 정의에 있어서 문제는 무엇이 「설명 가능한 인과적 연결」의 구성 요소인가에 대해서는 정확히 하기가 어렵습니다. 만약 이 문구를 있는 그대로 철저하게 받아들이게 된다면,

과학적 증명이 없는 모든 것에 대한 신념들을 마술적 사고라고 여겨야 할 것입니다. 반면에, 어떠한 것이든 원인과 결과를 판단할 수 있는 모든 기준들을 배제하는 것은 모든 것이 모든 것의 원인이 될 수 있다는 신념에 취약하게 되거나 더 심하게는 그 어떤 원인 없이 모든 것이 발생한다고 여기게 될 수도 있습니다.

어쩌면 주술적 사고에 대해 더 맥락적으로 이해하기 쉬운 설명은 증거나 경험에 의해 규정되는 것보다 더욱 강력하게 무언가를 믿는 것이라고 할 수 있습니다. 마치 내일 태양이 동쪽에서 뜬다는 것을 증명할 수 없지만, 지금까지 매일 그렇게 되어 왔기 때문에 내일도 그럴 것이라는 믿음은 주술적 사고라고 이야기 하기에는 어려울 것입니다. 하지만 건물이나 다리에서 뛰어보지 않았다 해도 모두가 떠오르지 못하고 떨어지기 때문에, 팔을 빨리 휘저으면 하늘에 떠오를 것이라는 믿음은 확실히 주술적 사고에 해당할 것입니다.

하지만 이러한 정의에도 문제는 남아있습니다. 우선 한 가지 이유는 단순히 생존을 위해 우리는 증거 없이 믿어야 하는 것이 있다는 것입니다. 만약 의사, 배관공, 전기공, 이발사, 유치원 선생님이 우리에게 하는 말을 이론의 여지 없는 증거를 보여주지 않아서 믿기를 거부한다면 우리의 삶은 바로 그 자리에서 멈춰버릴 것입니다. 또 다른 이유로는, 우리가 답을 얻기 위해 열심히 노력하는 어떤 질문들은 맞고 틀리고를 증명할 필요가 없는 것들이 있습니다. 90%의 미국인들은 신의 존재를 믿지만, 신의 존재에 대해서는 과학적으로 나타난 증거가 있지 않을뿐더러 더 나아가서는 증명할 필요조차 없습니다. 말

그대로 90%의 미국인은 주술적 사고에 빠져있다고 볼 수 있게 됩니다.

반면에, 그렇지 않을 수도 있습니다. 우리가 우리 주변(및 우리 내면)의 세계에 대한 진실을 알고자 갈망하는 만큼, 우리는 주관적 경험이라는 렌즈를 통해서만 객관적 현실을 바라볼 수 있습니다. 우리는 모두가 중력의 존재에 대한 객관적 증거가 풍부하다는 사실에는 동의할 것이지만, 이는 그저 매번 우리가 걸음을 걸을 때마다 지구가 우리의 발을 당기는 주관적 경험을 모든 사람들이 하고 있을 뿐입니다.

그러므로 그저 주관적인 증거 혹은 경험(말하자면, 다른 모두에게 객관적으로 보일 수 없는)만을 통해 무언가가 맞다는 결론을 내릴 수 있는 가능성을 열어두어야 하며 동시에 이것이 주술적 사고라는 판정을 내려서는 안 됩니다. 만약 고 정제 탄수화물(아내가 「백색 죽음」이라고 부르는)이 졸리고 짜증남을 반복해서 만들어낸다면, 선행되는 원인이 이후에 따라오는 결과를 완전히 합리적으로 설명하고 있고, 그 이외에는 다른 가능한 설명이 없다면 이를 통해 결과를 추론할 수 있을 것입니다.

하지만 아침에 일어났을 때 왼쪽으로 누워있었으니 오늘은 비가 올 것이라고 생각하는 사유 과정과 전생의 기억을 생생하게 가지고 있으니 생명은 영원하다고 유도하는 사유 과정과는 다른 세계라고 이야기할 수 있을 것입니다. 물론 확실하게 그 기억의 명료함을 확인하기 위한(혹은 정신적 위생도를 확인하기 위한) 질문을 할 수 있지만, 첫 번째의 예와는 달리 사유 과정이 믿음을 만들어내는 것은 아닙니다.

우리는 객관적 사건들을 체험하고 해석하는 태생적인 주관성에서 벗어날 수 없습니다. 우리가 할 수 있는 최선은 엄격한 기준에 따른 질문을 통해 무엇이 사실인지를 결정하는 것입니다. 그러므로, 궁극적으로 논쟁의 대상이 되는 것은 지속적이며 적당히 균형 잡힌 정도의 건강한 회의주의적 접근의 정도가 될 것이라고 생각합니다.

어째서 우리는 주술적 사고를 피해야 하는가?

명료하고 세련된 사유를 하는 사람들은 주술적 사고의 위험으로 이끌어갈 수 있는 영향력에 대한 걱정을 지속적으로 해 왔으며, 어째서 믿는가, 무엇을 하는가에 자신들의 합리적 사고가 아닌 그 이외의 것들에 의해 영향받을 수 있음을 항상 인식하고 있습니다. 이러한 합리적 사고 이외의 것들은 아래와 같은 것들입니다.

1) 어렸을 때 부모님에게서 배웠던 것들
2) 사실이라고 믿고 싶은 것들
3) 경험적으로 사실이어야 하는 것들

무언가의 사실 여부를 판단하기 위해 우리가 사용하는 기준을 발달시키는 것은 어려운 부분입니다. 하지만 우리가 무언가를 믿는 것은 궁극적으로 우리 자신의 존재가 어떻게 행복하게 되느냐를 결정하기 때문에 우리는 항상 계속해서 시도해야만 합니다. 결국, 주술적 사고에 빠지게 되는 위험은 아래와 같이 꽤 심각합니다.

1. **목적을 성취하기 위해 필요한 노력을 하지 않는다.** 예를 들어, 우리가 시크릿과 같은 책으로 유명한 끌어당김의 법칙을 믿는다면, 명료하게 원하는 것을 상상하고 그것이 우리에게 오기를 기다릴 뿐이라는 것을 믿는다는 위험을 가지고 있게 됩니다. 불행히도, 아주 오랜 시간 동안 기다리고 얻게 되는 것은 자기 자신뿐일 것입니다. 지금까지 살아오면서 간절히 원했던 것이 그냥 알아서 일어난 것이 몇 번이나 되나요?

2. **나쁜 선택을 하게 만든다.** 환자가 먹기를 거부했던 16개의 약 중 6개는 혈압약이었습니다. 그 결과 그녀의 혈압은 수년간 조절할 수 없는 상태로 계속되었으며, 그녀에게 명백한 뇌졸증과 심장마비의 위험을 항상 안고 있도록 했습니다.

어떻게 하면 주술적 사고를 멈출 수 있는가?

주술적 사고는 좋은 결정을 내리는 데 미묘한 장애를 만들어냅니다. 하지만 우리가 스스로를 더욱 바라보면 바라볼수록, 그 안에 빠져드는 경향성을 줄일 수 있게 될 것입니다.

1. **자신의 욕구와 편향성을 의식적으로 인지한다.** 이 욕구와 편향성을 적어보도록 합니다. 그 원인을 찾아봅니다. 이러한 욕구와 편향성에서 벗어나서 자신의 능력을 최대로 발휘하도록 합니다.

2. **입증할 수 있는 증거가 나올 때까지 증거를 요구한다.** 아직 증명되지 않은 것이나 증명할 수 없는 것에 대해서는 감정적으로 그것을 믿고자 하는 충동이 들어도 지적인「불가지론자」로 남아있을 수 있도록 해 봅니다. 자기 자신의 신념을「경향성」으로 여기고 행동에 유혹당하지 않고 정당화가 아닌 신뢰와 믿음으로 행동하도록 합니다.

3. **다른 사람들의 생각을 자신의 것으로 여기는 경향성을 주의한다.** 이것은 광범위한 만큼 교활합니다. 언론인은 그 날의 화제에 대한 입장을 제시하면 그 언론인의 견해가 사실로 받아들여집니다. 한 사람이 다른 누군가에 대해 이야기를 하면 사람들은 그것이 사실인지 확인하는 귀찮은 조사를 거치지 않고 그저 그 이야기를 사실로 받아들입니다. 비록 내가 아인 랜드(Ayn Rand)의 책「마천루(The Fountainhead)」에서 제시하는 많은 원칙들에 동의하지는 않지만, 얼마나 많은 사람들이 스스로의 판단을 타인에게 예속시키고 있는지에 대한 부분은 마음에 새길만한 가치가 있습니다.

우리는 우리가 믿는 것뿐만 아니라 그것을 믿도록 하는 추론까지도 붙들고 있어야 합니다. 나의 노력에도 불구하고, 내 환자는 아직까지도 그녀의 변비에 대한 주술적 사고에서 깨어나고 있지 못합니다.

 점술에 「중독」되다 : 영능력자에게 그녀가 「중독된」 이상한 사례

마크 D. 그리피스 Mark D. Griffiths Ph.D.

최근 행동 중독 저널(The Journal of Behavioral Addictions)에 소개된 「중독으로서의 근육 이형증(Muscle Dysmorphia as an Addiction)」이라는 두 장짜리 글에 공동 저자로 참여했습니다. 이 글을 언급하는 이유는 마리 그랄-브로넥 박사(Dr. Marie Grall-Bronnec)와 그녀의 동료 연구자들이 연구했던 사례 연구 중에서 점쟁이에 「중독」된 여성(헬렌)의 경우와 같은 것이기 때문입니다.

그 보고서에는 이렇게 적혀 있습니다.

"투시 상담(Clairvoyant Consulting) 혹은 점술 상담(Fortune Teller Consulting)이라고 알려진 행동은 일견 해가 없어 보일지 몰라도 과도하게 몰입할 가능성이 있다. 점술이란 한 사람의 일생, 행동에 대한 정보를 예견하는 행위로 정의내릴 수 있으며, 그 예로 점성술, 카드점, 수정점 등을 들 수 있다."

이전에 블로그에서 적었던 것처럼, 나는 중독에 대한 임상 기준을 따르고 있으며 어떠한 행위가 그 기준에 부합한다면 이는 그 행동과는 무관하게 중독으로 분류해야 한다고 봅니다. 이러한 관점은 정원 가꾸기나 껌 씹기 등의 여러 행동들에도 동일하게 적용하기 때문에 '중독의 개념을 너무 희석시켜 과도하게 광범위한 영역에 적용하게 된다.'는 비난을 받도록 하기도 합니다.

「점쟁이 중독」 논문에서 작성자에 따르면,

"헬렌은 45세의 여성으로 오래전부터 「영능력 중독(Clairvoynace Addiction)」에 고통받고 있다고 이야기하고 있다. 그녀는 약물처방도 받지 않았던 정도의 연인과 헤어진 뒤에 왔던 두 번의 우울한 경험 외에는 특별한 병력도 없었다. 그녀는 그녀의 삶에 안 좋은 일이 일어났을 때마다(성적 학대, 가족의 죽음 등) 주기적으로 정신과 의사를 찾아 정신분석을 받아왔다. 그녀는 이혼한 상태로 아이는 없다. 그녀의 직업은 매니저로, 그 직업에 만족하고 있는 것으로 보인다. 그녀는 점쟁이와의 상담으로 소모되는 막대한 양의 지출을 해결하고자 방안을 찾기 시작했다. 그녀가 이런 결정을 하게 만든 또 하나의 원인은 그녀의 나이에 있다. 그녀의 말에 따르자면 엄마가 되고자 하는 생각을 포기한 뒤로 이제 인생의 새로운 국면에 접어들고 있다고 한다."

이 글에 따르면, 헬렌은 19살 때부터 점쟁이에게 상담을 받아왔다.

그녀는 이런 종류의 사람들을 직업이나 학교의 상담을 위해 만나 왔으며, 그 이유로는 그녀가 너무 가난했기 때문에 스스로 중요한 결정을 내리기에는 그녀 스스로의 결정이 나쁜 선택을 내릴 것이라고 생각했기 때문이라고 합니다. 작성자는 영능력자와 처음 만났을 때 그녀는 안심감을 느꼈다고 합니다. 20대 중반 때에는, 그녀는 명백하게 방문이 잦아지기 시작했으며 '점술에 대한 통제권을 잃는 것'으로 끝나게 되었습니다. 그때에는 연인 관계에 대한 조언을 얻기 위해 (예를 들면, "정말로 그가 나를 사랑하나요?"라거나, "얼마나 우리 관계가 오래갈까요?" 등) 영능력자를 방문했습니다. 그녀가 현재 겪고 있는 「영능력자 중독」은 30대 중후반 이혼을 했을 때로 거슬러 올라갑니다.

"그녀는 미래의 인간관계에 대한 안심을 얻기 위해 반복적으로 점쟁이에게 돌아왔으며 그 빈도는 점점 늘어나 상황은 더 나빠지게 되었다. 헤어짐이 이 증상을 더욱 악화시켰다. 이혼한 후, 그녀는 강박적으로 점쟁이에게 (항상 같은 사람도 아닌) 전화 혹은 온라인 등을 통해 상담을 받았으며, 그 빈도는 점점 잦아지고(매일 상담할 때까지), 시간은 점점 길어지며(하루 8시간까지) 점점 더 많은 돈을 쓰게 되었다(세션당 200유로까지). 그녀는 절대로 점쟁이의 예언에 만족하지 못했기에 상담이 끝나고 다음 상담까지의 간격도 매우 짧아지게 되었다. 아주 사소한 것(영화를 보러 가는 것 등)에서부터 아주 중요한 것(인간관계의 결정)까지 매 순간 스스로 결정을 해야 할 때마다 그녀는 비이성적으로 점쟁이에게 상담을 받았다."

매번 상담 전에 그녀는 자신의 심리적 불편함을 아주 짧은 시간이나마 내려놓을 수 있다는 예상에 매우 흥분하였습니다. 하지만 상담 후 오래 지나지 않아 엄청난 죄책감을 느끼게 됩니다. 이 보고서에도 역시 점쟁이와의 상담 동안에는 완전히 그녀의 미래와 예언이 현실로 이루어질 것이라는 확신을 가지고 있습니다. 작성자는 이렇게 쓰고 있습니다.

"이 지나친 행동은 그녀 자신에게 일종의 안심과 함께 자신감의 결여를 낳았다. 이런 관점에서, 과도한 행동은 일종의 자기 치료를 위한 시도이거나 스스로의 부정적 정서를 다루려는 방법으로 생각해 볼 수 있다. 하지만, 헬렌은 점쟁이가 미래를 예언하는 능력을 가지고 있다는 것에 대한 그녀의 믿음은 완전히 비이성적이라는 사실을 알고 있었다. 이는 중대한 역효과를 가져왔다. 특히 재정적인 부분에서 그녀는 안정적 수입이 있었음에도 불구하고 빚을 지게 되었다. 또한, 점쟁이에게 상담을 받고자 하는 충동에 저항하지 못하는 것과 점쟁이와의 상담에 시간을 쓰는 것에 의해 다른 사람들과 멀어지는 것에 의해 그녀는 낮은 자아 존중감을 호소했다. 헬렌은 재정 상황이 너무 안 좋았던 짧은 기간 동안만 점쟁이들의 상담을 제한하는 데 성공했었다."

이 보고서의 작성자 역시 헬렌이 영능력자에게 상담받는 것에 중독되었는지를 판단하기 위한 다른 중독 기준을 사용하였습니다. 또한, 나의 여섯 가지 기준(부각, 기분 전환, 내성, 금단, 갈등, 재발)을 사용하기도 했습니다. 아래의 내용은 작성자가 내 진단 모델을 이용하여 작성한 내용입니다.

- 돌출(Salience)

"점쟁이에게 상담받는 것이 헬렌의 삶에서 가장 중요한 행동이 되었으며 그녀의 생각(사로잡힘과 인지 왜곡), 느낌(갈망), 행동(특히 친구들과의 만남을 비롯한 여가 활동을 점차 끊어감)을 잠식하게 되었다."

- 기분 전환(Mood Modification)

"헬렌은 매 상담 전에는 흥분됨을 느꼈으나 동시에 긴장과 불안도 동시에 느꼈다. 이러한 과도한 행동은 그녀에게 일종의 안심을 주게 되며, 과도한 행위가 자기 투약행위나 부정적 감정을 다루는 시도로 여기게 되었다."

- 내성(Tolerance)

"시간이 지나면서 헬렌은 점쟁이에게 상담받을 필요가 있다는 느낌이 점점 늘어났으며 동일한 만큼의 안심을 얻기 위해 상담은 더 길어지게 되었다."

- 금단(Withdrawal)

"그녀가 상담받고자 하는 충동에 저항하려 할 때나 점쟁이에게 상담받는 것을 삼가려 하게 되면(이 경우에는 그녀의 재정 상황이 너무 안 좋아졌을 때) 그녀는 긴장과 불안을 느꼈다."

- 갈등(Conflict)

"헬렌은 그녀가 점을 보는 것에는 문제가 있으며 그것이 매우 부정적인 결과를 야기한다는 것을 알고 있었다. 하지만 점쟁이에게 상담받는 것을 멈출 수 없었으며 이는 그녀의 정신 내부의 갈등과 죄책감을 만들어내었다."

- 재발(Relapse)

"수년간 헬렌은 이 문제 행동을 멈추거나 줄이기 위해 여러 번 노력을 기울여 왔다. 그녀의 임상 경과는 재발과 완화의 반복으로 특징지을 수 있다."

이렇게 헬렌의 행동들이 문제가 있다는 것에 대한 명백한 증거가 있습니다. 이것이 정말로 중독인가에 대해서는 논란의 여지가 있지만, 작성자는 몇몇 증거를 들어서(최소한 이번 사례에서는) 이 행동에서 중독적인 경향이 보인다고 보았습니다. 작성자는 개인적인 위험 요소들에 더해서 다른 상황적이며 구조적인 특성들이 헬렌의「중독」에 관련된 문제적 행동을 발달시키는 데 역할을 수행했다는 결론을 내립니다.

"위험 요소들이 중독의 대상(예: 점술의 사용)에 연관되었다는 것에 관해, 그중에서도 익명성을 보장하는 온라인 상담의 가능성에 대해 언급해 둘 필요가 있다. 게다가, 인터넷은 접근성과 활용성을 증가시켰다. 최종적으로, 점술 상담에 쓰는 돈은 가상의 것으로 보이는 것이 돈을 더 쓰기 쉽게 만들었다고 볼 수 있다. 인터넷과 관련되어 증가되고 있는 위험들은 이미 도박과 관련되어서 소개(Griffiths, Wardle, Orford, Sproston & Erens, 2009)된 바 있다. 사회-환경적 위험 요소에 관해 오늘날의 사회는 통제의 필요성과 불확실성을 제공하지 말아야 할 필요가 있다. 헬렌의 사례에서, 모든 조건들이 점을 보는 것과 만나서 과도하게 되었으며 이에 따라 중독 같아 보이는 사례로 결론을 내고자 한다."

 당신이 공의존적 관계에 빠져있음을 알아내는 8가지 표식

멜라니 러셀 Melanie Russell

우리가 살아가면서 가장 주의해야 하는 것이라고 하면 인간관계가 그것일 것입니다. 엘리자베스 길버트의 「먹고 기도하고 사랑하라(Eat Pray Love)」에서 그녀는 캄보디아 표류자의 상담을 요청했던 그녀의 친구에 대해 이야기한 부분이 있습니다. 그렇게나 끔찍한 여정에 고통받은 사람들을 돕는다는 것에 주눅 들었지만, 그녀는 그 사람들이 말하고자 싶어 했던 것이란 관계 맺기였다는 것을 알게 되었습니다.

공의존이란 관계에 있어서 직면하게 되는 커다란 관문 중 하나입니다. 공의존은 다른 사람의 존재, 그들의 인정이 행복과 성공의 필수 요소이며 이것 없이는 살아갈 수 없다고 느끼는 것입니다. 공의존은 진정한 나 자신을 접하는 것을 막고 있으며 관계가 더 성장하는 잠재력을 막기도 합니다.

이상하게도 대부분의 사람들은 공의존 상태에 있어도 자신이 공의존이라는 사실을 알아차리지 못합니다. 어째서일까요? 우리는 인간관계, 특히 연애에 있어서는 어떤 미신들을 믿도록 학습되었기 때문입니다. 이러한 미신들의 대부분이 공의존을 조장합니다.

저는 20년 동안 공의존적 관계를 맺고 살아왔으면서 그 사실을 몰랐습니다. 몇 년 전에 바닥을 치고서 헤어졌을 때에서야 그 사실을 깨닫게 되었습니다. 공포가 밀려들어 오고 관계의 패턴이 수면으로 드러나고 나서야 확실하게 알게 되었습니다. 혼자 있게 되는 것에 대한 두려움, 다른 누군가에게서 사랑을 받거나 주목받고자 하는 깊은 갈망, 내 권리를 다른 사람에게 주는 것으로 그들을 내 사랑과 행복의 원천으로 삼는 것, 이 모든 것들을 깨닫게 되었고 더 이상 돌아갈 곳은 없었습니다.

결국 모든 것을 다르게 하기로 했습니다. 더 나은 길이 있다는 것을 알고, 내면에서 외부로 나아가 나 자신과의 관계를 새로 시작하는 급격한 변화의 길에 걸음을 옮겼습니다. 그 첫걸음은 알아차림으로, 내가 공의존적 관계를 가졌을 때의 방식들을 인지하고 그것이 사랑이 아님을 인식하고 두려움을 내보내는 것이었습니다.

아주 많은 시간 동안 공의존은 강렬한 사랑처럼 보였지만, 다른 사람을 「필요로 하는 것」은 사랑이 아닌 두려움에서 오는 것입니다. 이제부터 여러분이 공의존적 관계에 있다는(그리고 심지어 그것을 모를 수도 있는) 것을 알려주는 8가지 표식을 설명하겠습니다.

1. 다른 사람이 없이는 살아갈 수 없다.

압니다. 낭만적이라고 생각할 수 있겠지요, 하지만 아닙니다. 이것은 연결이 아닌 집착입니다. 이것은 매력적이지도 않고 충족되지도 않습니다. 다른 누군가가 없으면 불완전한 반쪽짜리 사람이 되기보다는 자기 자신의 온전함과 완전함을 알아차리고 내 삶 속에 다른 사람들이 있음을 즐겨야 합니다. 여러분은 케이크이고, 그 나머지는 모두 케이크에 얹는 장식물입니다.

2. 다른 사람들은 특정한 방식으로 행동해야 한다.

여러분이 사랑받고 있다고 느끼거나 다른 누군가를 사랑하기 위해서 다른 사람들은 우리가 되기를 바라는 사람이 되어야 합니다. 이것은 조건적 사랑으로, 다른 사람을 있는 그대로의 모습으로 받아들이는 것이 아닙니다. 바꿔 말하자면, 여러분의 행복은 그 사람들이 어떻게 되는지에 달려있게 됩니다.

3. 자신이 느끼는 것으로 타인을 비난한다.

우리는 사실상 자신이 느끼는 것에 책임이 있으며 다른 사람이 우리를 행복하게 만들어주어야 할 필요는 없습니다. 우리는 자기 자신을 최우선적으로 행복하게 만들어야 하며 그다음에야 다른 사람들이 우리를 행복하게 만들 수 있습니다.

4. 아낌없이 주는 나무가 된다.

건강한 관계란 두 아이 간의 관계나 한 아이와 한 부모 간의 관계가 아니라 두 성인 간의 관계입니다. 만약 스스로 돌보지 못하는 사람을 돌보고 있을 때, 이는 두 사람 모두의 힘을 없애버립니다. 우리가 영적으로 성장할 때, 우리는 스스로를 돌보는 법을 배우며 다른 사람들이 나를 돌보아야 할 이유가 없게 됩니다. 이렇게 되면 우리는 어린아이나 희생자, 무력한 사람이 아닌 나 자신으로 살아갈 수 있습니다. 우리는 모두 그럴 능력이 있습니다.

5. 상황과 결과를 통제하려 한다.

다른 사람이나 펼쳐진 일들이 어떻게 되어야 하는지를 통제하려 할 때, 우리는 사랑이 아닌 두려움 속에서 살아갑니다. 관계가 마음대로 되기를 포기하고, 다른 사람의 행동을 조종하기를 포기하며, 그들의 선택을 조종하기를 포기하고 일어난 모든 일들은 완벽하며, 있는 그대로를 받아들여야 합니다.

6. 부족한 곳에서 뽑아서 준다.

우리가 스스로의 순위를 가장 아래로 두고 스스로가 할 수 있는 것 이상으로 다른 사람을 중시하게 될 수 있습니다. 이는 자기애가 부족한 것에서 오는 패턴으로, 빈 우물에서 무언가를 주기 위해 끌어 쓰면 스스로를 채우지 못하고 풍요롭지 못한 곳에서 가져오기 때문에 분노와 후회만 남게 됩니다.

7. 자신의 행복이 다른 사람들에 의해 결정된다고 생각한다.

그렇지 않습니다. 우리의 행복은 우리의 내면에 있으며 행복을 다른 사람에게서 찾는 것을 멈추고 스스로에게 연결하는 것을 계속 훈련하면 내면의 진정한 원천에 연결할 수 있고, 다른 사람을 행복의 유일한 원천으로 삼는 것이 아니라 스스로의 행복이 흘러넘쳐 다른 사람들에게 전해질 것입니다.

8. 자유롭다고 느끼지 않는다.

사랑이란 자유입니다. 규칙과 제한은 두려움입니다. 우리는 스스로가 원하는 것을 해야 하지, 다른 사람들이 우리가 했으면 하는 것을 해서는 안 됩니다.

심리적/감정적 조작자를 알아차리는 14가지 표식

말콤 그린 Malcolm Green

심리적 조작은 희생자를 제물로 삼아 권력, 조종, 이익과 특권을 얻기 위한 의도로 행하는 정신적 왜곡과 감정적 착취에 의한 과도한 영향력의 행사로 정의내릴 수 있습니다.

심리적 조작과 건강한 사회적 영향력을 구분하는 것은 매우 중요합니다. 건강한 사회적 영향력이란 사람들 사이에 발생하는 상호부조의 건설적 관계입니다. 심리적 조작에서는, 한 사람은 다른 사람의 이득을 위해 이용됩니다. 조작자는 자신의 의도대로 피해자를 착취하기 위해 의도적으로 힘의 불균형을 만들어냅니다.

이제부터 소개할 조작자들이 다른 사람들에게 불리한 위치에 서도록 강요하기 위해 사용하는 14가지 「트릭」들은 「조작자들을 성공적으로 다루는 법(How to Successfully Handle Manipulative People)」에서 발췌하였습니다. 이것이 완벽한 리스트는 아니지만, 여러 가지 거슬리는 강압에 대한 모음집 정도는 될 것입니다. 이제부터 소개할 내용들과 같이 행동하는 사람들이라고 해서 모두가 조작자는 아닙니다. 어떤 사람들은 그저 나쁜 습관이 들어서 그런 경우도 있습니다. 그럼에도 불구하고, 스스로의 권리와 이익과 안전이 위태로울 수 있는 상황에서는 이 행동들을 알아차리는 것이 중요합니다.

1. 홈 구장의 우위성

조작자들은 미팅이나 관계 맺기를 자신이 더욱 자신 있고 통제할 수 있는 물리적 공간에서 만나려고 합니다. 이 공간은 조작자의 사무실, 집, 자동차를 비롯한 그 어디든지 조작자가 소유권과 익숙함을 느낄 수 있는 곳(이면서 동시에 당신은 그것을 느낄 수 없는 곳)이 될 수 있습니다.

2. 기본선과 약점을 찾기 위해 먼저 말하게 둔다.

수많은 판매사원들이 상대를 재보기 위해 이 방법을 많이 사용합니다. 보편적이면서 살펴보기 위한 질문을 하는 것으로 여러분의 행동과 생각의 기준선을 잡을 수 있으며 이를 통해 여러분의 강점과 약점을 파악해 볼 수 있게 됩니다. 감추어진 의도가 있는 이런 형태의 질문은 직장이나 개인적 관계에서도 일어날 수 있습니다.

3. 사실의 조작

예) 거짓말, 변명, 일구이언, 스스로를 희생시키도록 하기 위해 피해자를 비난함, 사실의 변형, 중요 정보의 선택적 공개 혹은 제한, 과장, 과소평가, 사안의 편향성.

4. 사실과 통계로 압도함

어떤 사람들은 특정 분야에서 전문가가 되거나 가장 학식이 높은 사람으로 보이는 것을 통한 「지적 괴롭힘(Intellectual Bullying)」을 즐깁니다. 이들은 여러분이 잘 모르는 분야의 증거가 빈약한 사실, 통계를 비롯한 여러 데이터를 이용하여 우위를 점합니다. 이런 일은 세일즈나 금전 관련 분야를 비롯한 전문적인 토론이나 협상 장소에서도 일어나며 사회적인 토론 등에서도 동일하게 나타납니다. 전문가처럼 보이는 것으로 여러분을 압도하는 것으로, 조작자들은 자신의 의견을 더욱 설득력 있게 밀어붙일 수 있게 되기를 원합니다. 어떤 사람들은 이러한 기법을 단순한 지적 우월성을 느끼기 위한 이유만을 위해 사용하기도 합니다.

5. 절차와 관습으로 압도함

어떤 사람들은 관료제(서류작업, 절차, 법, 조례, 위원회)와 다른 장애물들을 이용하여 여러분의 삶을 더욱 어렵게 만드는 자신의 지위와 권력을 유지하려 합니다. 이 기법은 또한 사실 검증과 판단을 지연시키며 결함과 약점을 감추고 조사를 회피합니다.

6. 목소리를 높이고 부정적 감정을 보임

어떤 사람들은 토론 중에 공격적 조작의 형태로 목소리를 높입니다. 그들이 가지고 있는 생각은, 그들이 목소리를 높이거나 부정적 감정을 보인다면 그들의 강압에 굴복하고 그들이 원하는 것을 줄 것이라고 여깁니다. 공격적인 목소리는 서거나 큰 제스쳐와 함께 섞어서 그 표현을 증대하기도 합니다.

7. 부정적 놀람

어떤 사람들은 심리적 우위성을 얻고 여러분의 균형을 깨기 위해 부정적 놀람을 사용합니다. 이는 협상 상황에서 낮은 가격으로 시작하거나 어떻게든지 구할 수 없는 것을 갑작스레 제시하거나 하는 것입니다. 일반적으로, 예측하지 못한 정보를 아무런 경고 없이 맞닥뜨리게 되면 상대의 행동에 준비하고 반격할 시간이 매우 적게 됩니다. 조종자는 여러분과 계속 일을 진행하기 위해서 추가적인 양보를 요구할 수 있게 됩니다.

8. 결정을 하기 위한 시간이 없거나 거의 주지 않음

이는 일반적인 세일즈와 협상의 전술로, 조종자들은 여러분이 준비되기 전에 결정하도록 압박합니다. 이들은 여러분을 긴장시키고 통제하는 것으로, 여러분이 「무너지고」 공격자의 요구를 들어주게 되는 것을 바랍니다.

9. 여러분의 악점을 찌르는 부정적 유머로 영향력을 빼앗음

어떤 조종자들은 비판적인 발언을 하거나 종종 이런 발언들을 유머나 비꼬는 식으로 사용하여 여러분을 아랫사람으로 만들거나 덜 믿음직하도록 만듭니다. 여기에는 수많은 예를 들 수 있는데, 여러분의 외모, 오래된 스마트폰 모델, 배경이나 자격에서부터 2분 늦었다는 것까지 아주 넓은 범위의 내용들로 사용합니다. 여러분을 나쁜 사람으로 만들고 여러분이 안 좋은 느낌을 느끼게 하는 것으로, 공격자들은 여러분보다 우월한 심리적 우월감을 만들고자 합니다.

10. 여러분이 옳지 않다고 느끼도록 하기 위해 계속해서 평가하고 비판함

이 앞에서 이야기했던 부정적 유머로 덮어버리는 것과는 달리, 여기에서 조작자는 여러분을 대놓고 선택합니다. 계속 하찮게 하거나 놀리거나 무시하는 것을 통해 조작자는 여러분의 평정을 잃게 만들면서 동시에 자신의 우월성을 유지합니다. 공격자는 의도적으로 여러분이 무언가 잘못하고 있으며 얼마나 여러분이 노력을 하는지와 관계없이 여러분은 부적절하며 절대로 잘할 수 없다는 느낌을 조장합니다. 특히, 조작자는 부정적인 것에 집중할 뿐, 올바르고 건설적인 해결책을 제공하지 않습니다.

11. 묵살

의도적으로 여러분의 타당한 전화, 문자, 이메일을 비롯한 여러 요청에 반응하지 않는 것으로, 조종자들은 여러분을 기다리게 만들고 마음속에 위심과 불확실을 만드는 것으로 권력을 만들어냅니다. 묵살은 침묵이 일종의 영향력으로 작용하는 심리 조작입니다.

12. 무식한 척

고전적인 「바보 놀이」 전술입니다. 여러분이 원하는 것 혹은 무엇을 했으면 하는지를 조작자가 이해하지 못한 체를 하는 것으로, 조작자는 자신의 책임을 여러분의 책임으로 돌리고 여러분이 일을 하도록 합니다. 몇몇 아이들은 이 전략을 사용하여 자신들이 하고자 하는 것을 어른들이 할 때까지 지연시키거나 기다리게 하거나 합니다. 이들이 자란 뒤에도 숨고 싶거나 피하고자 하는 직무가 생겼을 때 동일한 전략을 사용합니다.

13. 죄책감 미끼

예) 불합리한 비난, 수용자의 약한 부분을 타겟 삼음, 조작자의 행복과 성공을 위해 다른 책임을 지움.

수용자의 감정적 약섬과 취약점을 타겟 삼는 것으로, 조작자는 수용자가 불합리한 요청과 요구에 마지못해 승낙하도록 강압합니다.

14. 피해자 놀이

예) 개인적 사안의 과장 혹은 꾸며냄, 건강 문제를 과장하거나 꾸며냄, 공의존, 공감과 호의를 이끌어내기 위해 의도적으로 약하게 보임, 약자/무력/순교자 놀이.

조작적 피해자 놀이의 목적은 사람들의 선의, 죄책감, 의무감, 보호본능을 자극하여 불합리한 이득이나 양보를 이끌어내는 것에 있습니다.

『최면 세뇌술』
박한진, 손인균 저, 성숙한삶

『세뇌와 탈세뇌』
박한진 저, 성숙한삶

『디베이트와 논리적 사고』
Dr. Z(박한진) 저, 성숙한삶

『신경언어 해킹』
음양진인(박한진) 저, 성숙한삶

『다크아트』
Dr. Z(박한진) 저, 성숙한삶

『내 옆에는 왜 양심 없는 사람들이 많을까?』
최환석 저, 태인문화사

『사이코패스는 일상의 그늘에 숨어 지낸다』
이수정, 김경옥 저, 중앙 M&B

『심리 조작의 비밀』
오카다 다카시 저, 어크로스

『왜 우리는 미신에 빠져드는가』
매튜 허트슨, 소울메이트

『한국인의 거짓말』
김형희 저, 추수밭

『The 7 Laws of Magical Thinking』
Mattew Hutson, Plume

『꿈이 쉽게 이루어지는 기공
세뇌술 ~ 뇌과학에서 보는 기공의 정체』
도마베치 히데토 저, 마키노 출판, 2010

『세뇌원론』
도마베치 히데토 저, 포레스트 출판, 2015

『세뇌호신술 - 일상에서의 각성
21세기의 깨달음 수행과 자기 해방』
도마베치 히데토 저, 삼재 북스, 2003

『세뇌 ~ 스피리추얼의 망언과 정신방어 테크닉 ~』
도마베치 히데토 저, 삼재 북스, 2008